KB232416

# 하나님의 임재를 연습하라

## 하나님의 임재를 연습하라

지 은 이   로렌스 형제
편 집 인   스티브 트락셀
옮 긴 이   류명욱
발 행 인   홍성철
초판 1쇄   2003년 6월 30일
발 행 처   **도서출판 세 복**
주     소   서울특별시 중랑구 면목5동 149-6 한밀빌딩 301호
            Tel/Fax (02) 448-5562
            홈페이지: http://www.saebok.net
            E-Mail: johnschong@korea.com
등록번호   제1-1800호 (1994년 10월 29일)
총 판 처   예영커뮤니케이션
            Tel. (02) 766-7912, Fax. (02) 766-8934
I S B N    89-86424-64-9          03230

값 6,500원

ⓒ **도서출판 세 복**

■잘못 만들어진 책은 언제든지 교환해 드립니다.

# 하나님의 임재를 연습하라

로렌스 형제　지음
스티브 트락셀　편집
류 명 욱　옮김

도서출판 세 복

# Living in the Presence of God

The Works and Life of Brother Lawrence
With Devotions by Steve Troxel

Edited by
Steve Troxel

# 목 차

# 서  문

로렌스 형제는 17세기 초 니콜라스 허만(Nicholas Herman)이라는 이름으로 프랑스에서 태어났다. 1649년에 수사가 된 후, 1691년에 임종할 때까지 그는 파리에 있는 한 수도원에서 머물렀다. 그러면서 그는 단순하면서도 실제적인 경건 생활을 하는 사람으로 알려지게 되었다. 그는 생애의 마지막 40년 동안을 하나님과 끊임없이 대화하면서 살았다. 때로는 형식을 갖춘 기도로, 때로는 부엌의 바쁜 일과를 감당하면서 그분과 대화했다.

이 책의 처음 네 부분은 모두 17세기 후반에 쓰여진 것들이다. “편지”와 영적 “원리”에 관한 부분은 로렌스 형제가 직접 기록했고, “대화”와 “생애”는 조셉 드 뷰포트(Joseph de Beaufort)가 기록했다. 뷰포트는 몇 번에 걸친 로렌스 형제와의 만남을 토대로 처음으로 그의 사상들을 활자화시킨 사람이다. 다섯 번째 부분은 하나님의 임재라는 주제를 계속해서 묵상하는 데 도움을 주고자 하는 마음으로 필자가 적은 글이다. 나는 기도하면서, 이 책이 원작의 사상들을 보존하면서도 현대 영어에 적합하도록 편집하였다.

예수님께서는 크고 첫째 되는 계명으로 “네 마음을 다하고, 목숨을 다하고, 뜻을 다하고, 힘을 다하여 주 너의 하나님을 사랑하라”(막 12:30)고 하셨다. 로렌스 형제는 일상 생활 속에서 이 명령을 실천하는 것이 무엇인가를 보여 주었다. 물론 온갖 압력들로 둘러싸

인 채 거의 미쳐 돌아가는 것 같은 현대인들의 삶의 현장보다는 조용한 수도원이 하나님의 임재를 느끼기에 더 용이할 수도 있었을 것이다. 그러나 우리는 로렌스 형제를 통해 주시는 하나님의 메시지를 놓쳐서는 안 된다. 그것은 오늘 우리가 부름받은 바로 이 자리가 주님이 주시는 평화와 만족을 누려야 하는 바로 그 자리라는 사실이다. 극도의 번잡함과 어지러움 가운데서도, 우리는 여전히 하나님의 임재 안에서 사는 법을 훈련할 수 있다.

스티브 트락셀 (Steve Troxel)

# 제1부

## 로렌스 형제와의 대화

조셉 드 뷰포트

# 로렌스 형제와의 대화

## 첫 번째 대화
## 1666년 8월 3일

나는 오늘 처음으로 로렌스 형제를 만났다. 그는 열여덟 살 되던 해에 회심을 체험하였다고 한다. 그는 그 때 받았던 특별한 은혜의 경험에 대하여 오늘 나에게 말해 주었다.

그 해 어느 겨울날, 그는 잎이 다 떨어진 나무 한 그루를 바라보며 봄이 되면 곧 다시 파랗게 돋아날 잎들과 무성해질 꽃과 열매를 꿈꾸었다. 그러다 문득 그는 하나님의 섭리와 능력을 깊이 이해를 하게 되었고, 그것은 그 후 평생 동안 그의 영혼을 떠나지 않았다고 한다. 그는 이 경험을 통해 세상으로부터 참 자유를 얻게 되었고, 하나님을 향한 강렬한 사랑을 느끼게 되었다. 이 사랑은 그 후 40년 동안 믿음의 여정에서 더 이상 깊어질 수 없을 정도로 강한 것이었다.

처음에 그는 재무장관이었던 퓨베르트(Fieubert) 경(卿)의 하인이었다고 했다. 그는 일이 서툴러서 모든 것을 망가뜨리는 사람이었다. 그는 자신의 서투름을 개선하고 저지른 잘못들에 대한 대가를 치르고 싶은 마음으로 수도원에 들어가고자 했다고 한다. 그는 수도원에 들어가면 삶의 모든 즐거움을 하나님을 위해 희생하겠다고 마음먹었다. 그러나 하나님은 그를 실망시키셨는데, 수도원에서 그가 찾은 것은 기쁨과 만족뿐이었기 때문이다.

로렌스 형제는 우리가 하나님과의 끊임없는 대화를 통해 그분의 임재를 확립해야 한다고 말했다. 그는 사람들이 하찮고 어리석은 생각 때문에 주님과의 대화를 포기하는 것을 안타까워했다. 우리는 무엇보다 하나님에 대한 깊은 이해로 우리 영혼을 먹이고 살찌워야 하며, 이렇게 하면 헌신에 수반되는 큰 기쁨을 맛볼 수 있을 것이라고 그는 말했다.

그는 우리의 믿음이 소생되어야 함을 지적했고, 우리가 너무도 적은 믿음을 갖고 있는 것이 슬프다고 했다. 사실 우리는 온전한 믿음의 지배를 받아 살기보다는 지극히 가변적이고 얄팍한 감동에 만족하고 있다. 오직 믿음으로만 사는 삶은 교회의 본질적인 정신이며, 우리를 완전하신 하나님의 임재 앞으로 이끌어 준다.

그는 또한 현세적인 문제에서나 영적인 문제에서나, 우리가 자아를 온전히 포기할 때 비로소 우리의 헌신을 이룰 수 있다고 말했다. 하나님의 뜻은 때로는 고난의 모습으로 때로는 편안함의 모습으로 찾아온다. 진정으로 자아가 포기된 사람은 그것이 어떤 모양으로 오든 상관없이, 그분의 뜻을 이루어 드린다는 사실 자체에서 만족을 찾을 수 있다. 하나님이 그분을 향한 우리의 사랑을 시험하실 때 우리는 영적 메마름을 느낄 수 있다. 이 때 우리는 신실하게 반응해야 한다. 그러한 때가 바로 자기를 포기하고 그분께 더욱 가까이 나아갈 수 있는 기회이다. 우리가 이러한 태도를 견지한다면, 한번의 영적 메마름이 큰 영적 진보를 이루어낼 수도 있을 것이다.

매일 같이 들려오는 이 세상 속의 비참함과 죄상에 대해서 그는 그다지 놀라지 않는다고 했다. 그는 인간의 죄성이 더 광범위하게 반영되지 않는 것이 오히려 이상하다고 말했다. 이런 문제들을 위해 물론 그는 열심히 기도한다고 했다. 그러나 하나님께서 그분의 시간에 치유하실 것을 믿기 때문에, 더 이상 이 문제를 가지고 고민하지는 않는다고 말했다.

하나님이 원하시는 방법으로 자아를 포기하기 위해서 우리는 먼저 우리의 모든 욕망들을 조심스럽게 살펴보아야 한다. 영적인 부분은 물론이고, 육신적 혹은 정신적인 해악을 끼칠 수 있는 가능성에 대해서도 그렇게 해야 한다. 하나님은 그분을 진정으로 섬기기 원하는 이들에게 이것들을 드러내실 것이다. 로렌스 형제는 만일 내가 그를 찾는 목적이 하나님을 진실하게 섬기기 위한 것이라면 언제든지 와도 좋지만, 그렇지 않다면 더 이상 방문하지 말라고 했다.

## 두 번째 대화
## 1666년 9월 28일

로렌스 형제는 오직 사랑만이 지배하는 삶을 소망했다. 그는 그 밖에 어떤 것에도―심지어 그가 잃어버린 바 되었는지 구원을 얻었는지에 대해서도--관심을 두지 않는다고 했다. 하나님의 사랑을 모든 행동의 목적으로 삼는 것만으로도 그는 충분히 만족할 수 있다고 했다. 하나님을 향한 사랑으로 한다면, 땅에서 지푸라기 하나를 줍는 일에도 그는 흡족해 했다. 그는 하나님께만 집중했고, 그분만을 구했으며, 그 외 어떤 것도--심지어 그분이 주시는 선물조차도--바라지 않았다.

이렇게 함으로 그는 오히려 하나님이 주시는 은혜의 선물을 끊임없이 받을 수 있었다. 그러나 그런 축복의 열매를 누릴 때 주의할 점은 그것이 주는 달콤한 쾌락 속에 빠질 수 있다는 사실이다. 로렌스 형제는 단호하게 이것을 거부했다. 선물이 결코 하나님 자신이 될 수는 없다고 그는 말했다. 사실 하나님은 무한히 크신 분이기 때문에, 선물에 관심을 빼앗기기보다는 계속적으로 선물 너머에 계시는 하나님께 나아가는 것이 훨씬 더 유익하다. 우리가 그분을 위해 어떤 작은 일을 행하기가 무섭게, 하나님은 너무도 즉각적이고 후한 보상을 하신다. 그렇기 때문에 그는 때로 그가 한 일을 하나님으로부터 숨기기를 원했다. 그렇게 함으로 보상을 바라지 않고 순전히 하나님만을 사랑하는 마음으로 선을 행할 때의 기쁨을 맛보기를 원했다.

로렌스 형제는 4년여 동안 자신이 버림받았다는 생각으로 괴로워했었고, 그 당시에는 그 누구도 그를 위로하거나 설득할 수 없었다고 했다. 이렇게 괴로운 시간을 보내면서 그는 다음과 같은 생각으로 자신을 추스렸다: "나는 하나님을 향한 사랑만을 위해 수도 생활을 시작했고, 그분을 위해서 행하기만을 추구해왔다. 그러므로 나는 앞으로 내게 어떤 일이 일어나든 상관없이--버림을 받든 구원을 받든--언제나 순전한 마음으로 하나님만을 사랑하는 삶을 살 것이다. 그렇다. 나는 이 한 가지를 확실히 붙잡을 것이다. 내가 죽는 그 날까지 내 안에 있는 모든 것을 바쳐 그분만을 사랑할 것이다." 그 후로 그는 두 번 다시 천국과 지옥을 놓고 걱정하지 않았고, 평생 동안 완전한 자유와 지속적인 기쁨을 누리며 살았다고 한다. 그는 때로 자신의 죄들을 하나님과 자신 사이에 내어놓음으로, 자신이 얼마나 하나님의 축복을 받을 자격이 없는 사람인가를 표현하기도 했었다. 그러나 하나님은 그러한 그에게 여전히 풍성한 은혜를 내려 주셨다. 어떤 경우에는 하나님이 그를 천국 백성들 앞으로 데려가서, '나는 이런 형편없는 친구에게도 은혜 베풀기를 기뻐한다'고 하실 것 같은 기분이 들기도 했다고 한다.

하나님과 계속적으로 대화하며 모든 일에 그분의 지혜를 구하는 습관을 들이기 위해서 우리가 첫 번째로 해야 할 일은 성실과 인내로 그분을 구하며 그분께 가까이 나가는 일이다. 그러면 얼마 지나지 않아 하나님의 사랑으로 불붙여진 내적 흥분을 느끼게 될 것이고, 그런 후에는 특별한 노력을 기울이지 않아도 지속적으로 그분께 나아가는 기쁨을 맛보게 될 것이다.

그는 즐거운 날들이 지나면 아픔과 고통도 찾아오리라는 사실을 알고 있었다. 하지만 그는 불안해하지 않았다. 왜냐하면 그가 혼자의 힘으로 할 수 있는 일은 어차피 별로 없다는 것과 하나님께서 어려움을 극복할 힘을 공급해 주시리라는 것을 믿었기 때문이다. 그는 선한 일을 행하려고 할 때면 다음과 같은 기도를 드렸다: "당신이 능력을 주시지 않으면 저는 이것을 감당할 수 없습니다." 그러면 하나님께서는 즉각적으로 필요한 은혜를 공급하셨다.

그는 자신의 직무에서 잘못을 범했을 경우, 다음과 같이 단순하게 기도했다: "당신께서 저를 혼자 두시면 저는 실패할 수밖에 없습니다. 저를 넘어지지 않도록 보호하시며, 저의 옳지 않은 부분을 고칠 수 있는 분은 오직 당신뿐이십니다." 이렇게 기도한 후 그는 다시는 자신의 잘못에 대하여 고민하지 않았다. 맡겨진 일을 잘 해냈을 때에도 역시 그는 모든 성공은 하나님으로부터 온다는 사실을 인정하고 그분께 감사를 드렸다.

그는 우리가 온전히 하나님 안에서만 행하는 법을 배워야 한다고 말했다. 그것은 그분께 솔직하고 꾸밈없이 기도하며 모든 상황 속에서 그분의 도우심을 구하는 것이다. 그는 자신의 경험을 통해 하나님은 가장 좋은 시간에 응답하시는 일에 한번도 실패하신 적이 없다는 것을 알았다.

최근에 그는 포도주를 사기 위해 버건디(Burgundy)에 갔었다. 이것은 그에게 있어 아주 곤혹스러운 일이었는데, 왜냐하면 그는 사업 감각이라곤 도무지 없었고, 불편한 다리 때문에 배에 실린 포도주 통에 걸려 곧잘 넘어졌기 때문이다. 그러나 그는 이러한 신체적인 제약들과 업무상의 미숙함에 대해 염려하지 않았다. 그는 하나님께 이 모든 것이 하나님의 일임을 말씀드렸고, 하나님은 모든 일을 순조롭게 인도하셨다.

로렌스 형제가 오랜 시간을 몸담았던 주방에서도 상황은 비슷했다. 그가 천성적으로 싫어했던 일들도, 그는 하나님을 향한 사랑으로 기쁘게 감당할 수 있도록 자신을 훈련시켰다. 그는 자신의 일을 잘 감당하기 위해 끊임없이 하나님의 은혜를 구하는 기도를 드렸다. 주방에서 일한 15년은 그에게 있어 감사와 은혜가 넘치는 기간이었다. 현재 그는 구두를 수선하는 일을 하고 있다. 그는 자신의 일에 매우 만족스러워하고 있지만 거기에 집착하지는 않는다고 했다. 그는 언제라도 현재의 일을 떠나 다른 곳으로 갈 준비가 되어 있었다. 그는 하나님을 사랑하는 마음으로 한다면 어떠한 허드렛일을 할지라도 참된 기쁨을 누릴 수 있다고 말했다.

규칙적인 기도 시간을 지키는 데 있어서 로렌스 형제는 다른 이들과 별반 다르지 않았다. 수도원에서 정한 시간이 되면 그는 어김없이 하던 일을 중단하고 기도하였다. 그러나 그는 정기적인 기도 시간을 특별히 더 원하거나 요구하지는 않았다. 왜냐하면 그는 가장 고된 노동을 하는 중에서도 하나님의 임재를 흐트러짐 없이 경험하는 법을 배웠기 때문이다.

로렌스 형제는 모든 일에 하나님을 사랑하려고 힘썼다. 그는 사사건건 간섭하는 감독자를 원하지는 않는다고 했다. 그러나 그의 삶의 고백을 진솔하게 들어 줄 대상은 필요하다고 말했다. 그는 자신이 저지르는 잘못들이 무엇인지 잘 알고 있었지만, 그것들 때문에 절망하지는 않았다. 그는 어떤 변명도 첨가하지 않고 자신의 죄들을 있는 그대로 하나님께 고백했다. 그런 후에 그는 예배와 사랑을 실천하는 일상으로 돌아올 수 있었다.

어떤 문제가 생겼을 때 그는 사람을 의지하지 않았다. 오직 살아 계신 하나님을 믿는 믿음으로 자신의 모든 행위를 그분께 집중시킴으로 만족을 얻었다. 오직 그분을 기쁘시게 하는 것만이 그의 궁극적인 목적이었기 때문에, 그는 어떤 결과라도 기쁘게 받아들일 수 있었다. 우리는 종종 쓸데없는 생각을 하면서 하나님의 임재를 훼손시키는데, 이런 생각들이야말로 모든 악의 시작이다. 우리는 어떤 문제의 해결이나 영적 진보에 불필요하다고 판단되는 생각들을 과감히 거부하고, 신속하게 하나님과의 친밀한 교제 속으로 복귀해야 한다. 초창기에는 로렌스 형제도 많은 경우 기도 시간 전부를 헛된 생각들과 싸우는 데 보냈다고 한다. 그래서 처음에는 자주 기도문을 암송하곤 했지만, 점차 그 습관에서 벗어나 지금은 어떤 정해진 규칙을 따르는 기도를 하지는 않는다고 했다.

로렌스 형제는 죄에 대한 대가로 하나님이 내리시는 연단의 채찍을 쉽게 감당할 자신이 없다고 했다. 그는 그러한 처분이 당연하다는 것은 알지만, 할 수 있으면 피하고 싶다고 했다. 하지만 또한 그는 하나님이 그런 처분을 내리실 때에는 그것을 견딜 수 있는 은혜를 함께 주실 것을 믿었다. 그는 하나님으로부터 오는 모든 징계나 연단은 결국 사랑을 통해 그분과 보다 친밀한 교제를 누리도록 인도하는 도구라는 사실을 발견했다. 그는 이것을 깊이 깨달은 후에, 차라리 처음부터 지치지 않는 사랑으로 모든 일을 그분을 위해 하는 것이 훨씬 유익하다는 것을 알게 되었다. 우리는 자신의 필요에 의해 하는 행위와 진정으로 사랑하는 마음에서 흘러나오는 행위를 엄격히 구분할 필요가 있다. 결국 우리가 무엇을 얼마나 이해했는가는 그리 중요하지 않게 된다. 오직 우리가 할 일은 하나님 안에서 사랑하며 우리 자신을 즐기는 것이다.

그는 또한 우리의 모든 선행을 다 모은다 할지라도 그것이 단 하나의 죄도 사해 줄 수 없다고 말했다. 우리는 예수 그리스도의 피를 통한 죄사함만을 바라보아야 하고, 전심으로 그분을 사랑하는 것을 힘써야 한다. 하나님은 가장 큰 죄인에게 가장 큰 축복을 베푸신다. 사실 그것보다 그분의 자비하신 성품을 더 잘 나타내는 것은 없다.

그는 이 세상의 가장 큰 고통이나 최고의 즐거움도 영적 고통과 영적 즐거움에 비교할 수 없다는 진리를 굳게 믿었다. 그렇기 때문에 그는 어떤 문제도 염려하지 않았고, 누구의 눈치를 보거나 두려워하지도 않았으며, 자신의 권리를 주장하지도 않은 채, 오직 하나님 앞에서 경건함을 지키기 위해서만 온 신경을 집중했다. 그는 자신이 하나님을 위해 큰 일을 할 능력은 없다고 느꼈기 때문에, 작은 일들을 행하며 그분을 사랑하는 것으로 만족했다. 그러면서 그는 하나님이 뜻하시는 일이 아니면 어떤 일도 그에게 일어날 수 없음을 굳게 믿었다. 그는 이 사실을 조금도 의심하지 않았다.

# 세 번째 대화
# 1666년 11월 22일

로렌스 형제는 자신의 영적 생활의 근간은 하나님을 믿을 때 얻어지는 그분에 대한 깊은 이해와 경외감이라고 했다. 이것을 온전히 깨달았을 때, 그는 다른 모든 잡념들을 버리고 하나님을 사랑하는 마음으로만 모든 일을 행하기를 원하게 되었다고 한다. 때로 긴 시간 동안 하나님을 잊고 지냈을 때에는, 그것 때문에 자책하기보다 솔직하게 하나님께 고백하고 그분을 향해 더 큰 신뢰를 드리기에 힘썼다. 쉽게 방황하는 자신을 바라보며 자신의 뿌리 깊은 죄성을 깨닫는 것도 영적으로 유익하다고 했다. 하나님을 신뢰한다는 것은 그분께 존경을 드리는 것인데, 이렇게 할 때 우리는 많은 영적인 축복을 누리게 된다. 그 형제는 하나님이 우리를 속이시기가 불가능한 것처럼, 그분만 온전히 의지하는 영혼을 오랫동안 고통 가운데 방치하시는 것 또한 불가능하다고 말했다. 그렇기 때문에 그는 그분을 위해 모든 것을 견디기로 작정했다고 했다.

그는 온갖 정신적인 방해와 유혹 속에서도 하나님이 준비하신 적절한 은혜를 받을 수 있었다고 했다. 그렇기에 그는 해야 할 일이 있을 때 걱정부터 하는 법은 없었다. 어떤 일을 해야 할 때가 오면, 그는 깨끗한 거울을 보는 것처럼 분명하게 모든 필요한 것들을 공급하시는 하나님을 경험할 수 있었다.

　자신의 일이 조금이라도 하나님을 생각하는 데서 멀어지게 할 때면, 새로운 영적 감동이 그를 사로잡곤 했다. 이런 경험들은 그로 하여금 더욱 강하게 하나님을 느끼게 하였으며, 그의 영혼을 강력하게 사로잡아 주체할 수 없을 정도로 불타오르게 했다. 실제로 그는 형식을 갖춘 경건의 시간에서보다 일상적인 업무를 행할 때에 더욱 하나님과 연합됨을 느낀다고 했다. 형식에만 치우친 영적 행위는 많은 경우 그에게 영적 메마름을 안겨 주기 쉬웠다.

　그는 그의 몸과 마음에 큰 고통이 찾아오는 때도 있을 것이라는 사실을 인지하고 있었다. 그러나 무엇보다 그가 두려워했던 것은 하나님에 대해 무감각해지는 것이었다. 그러나 그는 선하신 하나님이 그를 그냥 내버려 두지 않으실 것과 악한 상황들을 이길 힘을 주실 것을 믿었다. 그렇기 때문에 그는 어떤 것도 두려워하지 않았고, 문제의 해결을 위해 어떤 사람도 의지하지 않았다. 혹 사람의 지혜를 구할 때면, 그는 이미 자기가 갖고 있는 지혜보다 못한 조언을 들어야 했다. 그는 하나님을 사랑하는 마음으로 그의 생명까지 내어놓을 준비가 되어 있었기에 위험을 두려워하지 않았다. 그는 하나님 앞에서의 철저한 자기부인이야말로 인생의 갈림길에서 올바른 선택을 할 수 있는 가장 확실한 방법이라고 했다.

　우리가 영적 여행, 즉 하나님의 임재 안에서 사는 삶을 처음 시작할 때는 의무를 충실히 이행하고 자기를 부인하는 훈련이 필요하다. 그러나 조금만 지나고 나면 이러한 삶이 말할 수 없이 즐겁다는 사실을 깨닫게 된다. 어떤 어려움을 만나더라도, 우리는 예수 그리스도에게 집중하고 그의 은혜를 구해야 한다. 그러면 모든 일들이 쉽게 풀릴 것이다.

많은 그리스도인들이 성장하지 못하는 이유는 선행과 종교적 행위에 너무 관심을 둔 나머지 그 모든 것들의 궁극적 목표인 하나님의 사랑을 잊어버리기 때문이다. 이 사실은 우리의 행위를 들여다보면 쉽게 증명된다. 이러한 이유 때문에 우리 안에 하나님을 닮은 성품을 발견하기가 힘든 것이다. 하나님께 나아가기 위해 특별한 재주나 지식은 필요하지 않다. 그분을 위해 모든 것을 바치고, 그분을 위해 살며, 오직 그분만을 사랑할 각오가 되어 있는 가슴만 있으면 충분하다.

# 네 번째 대화
# 1667년 11월 25일

그는 나와 자주 대화했고, 자신이 하나님께 나아가는 방법에 관해 진솔하게 이야기해 주었다. 먼저 우리는 우리가 알고 있는 하나님을 향하지 않은 모든 것들로부터 돌아서서 그것들을 철저히 물리치는 것에서부터 시작해야 한다. 그러면 그분과 끊임없이 대화하는 습관을 기를 수 있다. 이 대화는 단순해야 하며 인위적인 것을 모두 배제해야 한다. 우리는 하나님이 우리와 친밀하게 함께 하신다는 사실을 인식해야 한다. 그분은 언제나 우리 곁에 계시며, 의심 속에서 그의 뜻을 구하는 기도에 응답하시고, 우리가 뚜렷이 본 것을 이루기 위한 능력을 공급하신다. 우리는 어떤 일을 시작하기 전에 그 일의 전부를 그분께 맡겨야 하고, 그 일이 끝났을 때 그분께 감사드려야 한다. 하나님과의 끊임없는 대화 속에서 우리는 그분의 무한히 선하시고 완전하신 속성을 찬양하고 경배하며, 언제나 그분을 사랑해야 한다.

하나님이 약속하신 용서의 말씀에 근거하여, 우리는 절망하지 않고 담대하게 그분의 은혜를 구하는 기도를 할 수 있다. 하나님은 언제나 은혜를 베풀기 원하신다. 로렌스 형제는 이 사실을 잘 알고 있었고, 좀처럼 하나님의 임재에서 벗어나 그분의 도우심을 잃는 법이 없었다.

우리가 오직 하나님을 사랑하고 그분만을 기쁘시게 하기를 열망한다면, 때로 의심에 빠질 때가 있더라도 곧 밝은 빛을 보게 될 것이다. 하나님께 더 가까이 가는 것은 어떤 외적인 행동을 바꾸는 데 달려 있다기보다는 우리의 일상 속에서 얼마나 더 순전히 하나님의 사랑을 느끼느냐에 달려 있다. 그는 방법과 목적을 혼동하는 많은 사람들을 보며 가슴아파했다. 이들은 적절한 행동을 하는 데에는 모든 노력을 기울이지만, 그들의 이기적인 동기 때문에 결국 그 행동의 결과도 그리 좋지 않을 때가 대부분이다. 그는 하나님께 가까이 가기 위한 최선의 방법은 모든 일을 할 때 사람을 즐겁게 하려는 마음이 아니라, 순전히 하나님을 향한 사랑으로만 최선을 다하라는 것임을 발견하였다.

그는 기도하는 시간이 그 외의 일과 시간과 질적으로 다르다는 생각은 옳지 않다고 했다. 우리는 가장 바쁜 일과 속에서라도 조용히 기도하는 시간과 동일한 수준으로 하나님과의 친밀감을 누릴 수 있어야 한다. 로렌스 형제의 기도는 다름 아닌 하나님의 임재를 깊이 느끼는 바로 그것이었고, 그 때 그의 영혼은 하나님의 사랑 외에 다른 어떤 것도 느끼지 않았다. 정해진 기도 시간이 끝난 후에도 이 사실은 변하지 않았다. 그는 계속해서 하나님의 임재 안에 행했고, 온 힘을 다해 그분을 찬양하고 축복했다. 이렇게 함으로 그는 끊이지 않는 기쁨 가운데 살 수 있었다. 때로 그는 자신이 더 강해질 수 있도록 하나님께서 어려움을 내려 주시기를 구하기도 했다.

우리는 하나님을 전적으로 신뢰하고 그분께 우리 자신을 온전히 내어드리는 결단을 할 필요가 있다. 그분은 절대로 우리를 속이지 않을 분이시기 때문이다. 우리는 하나님을 향한 사랑으로 작은 일들을 감당할 때 피곤해 하면 안 된다. 그분은 일의 크기를 보시는 것이 아니라 일하는 사람의 사랑의 크기를 보시기 때문이다. 처음 이런 연습을 시작할 때, 우리가 하나님께 가까이 가는 데 실패하더라도 놀라거나 속상해 할 필요는 없다. 꾸준히 하다 보면 조만간 특별한 노력 없이도 자연스럽게 그분의 임재 속으로 들어가 놀라운 삶의 기쁨을 누리기 시작할 것이다.

그는 하나님과 우리의 관계의 본질은 믿음, 소망, 사랑이라고 했다. 이것들을 연습하고 배양하는 것이 곧 우리를 그분의 뜻에 연합시키는 것이다. 그 외의 모든 것들은 다 부차적인 문제이기 때문에, 궁극적인 목표인 사랑에 도달하기 위한 수단으로 사용하면 된다. 모든 일은 믿음이 있으면 가능하고, 소망이 있으면 그 수고가 덜하며,

사랑이 있으면 훨씬 수월하기 때문에, 이 셋을 함께 연습하면 하나님의 뜻을 온전히 이룰 수 있다. 우리 삶의 목적은 할 수 있는 한 가장 완벽한 예배자, 우리가 영원토록 되어지기를 소망하는 그런 예배자가 되는 것이다.

우리는 영적인 여정을 시작하면서 마음 가장 깊은 곳에서 드러나는 자신의 참 모습을 살펴볼 필요가 있다. 그럴 때 우리는 우리 자신이 모든 멸시를 받아야 할 대상일 뿐, 그리스도인이라고 불릴 자격이 전혀 없는 존재라는 사실을 발견하게 될 것이다. 우리는 온갖 불행과 문제들로 고통받아 마땅한 사람들이다. 우리는 더 이상 시험과 유혹과 반대가 우리에게 닥치는 것의 정당성에 대해 질문할 수 없다.

오히려 우리는 그것들에 대해 인내하며 자신을 복종시켜야 한다. 이러한 경험들은 궁극적으로 우리의 영적 성장을 위해 사용될 것이다. 우리는 시험의 한 가운데서 그분을 찬양하는 법을 배워야 하며 시험을 통과한 후에도 계속해서 그분을 찬양해야 한다. 하나님의 임재와 거룩하심에 가까이 가면 갈수록 우리는 우리가 얼마나 절박하게 하나님의 은혜를 필요로 하는지 깨닫게 될 것이다.

로렌스 형제는 이렇게 하나님의 임재 속에서 걷는 삶의 유익에 대해 깊이 깨달았기 때문에, 자연스럽게 그것을 다른 사람들에게 권면하였다. 사실 그가 제시하는 어떠한 논리보다도 그의 모범적인 삶 자체가 더 강력한 증거였다. 그의 얼굴은 언제나 은혜스러웠다. 그의 조용하고 정제된 삶의 헌신은 그를 보는 모든 이들에게 깊은 영향을 주었다.

# 제2부

# 로렌스 형제의 편지

# 로렌스 형제의 편지

## 첫 번째 편지
## 1682년 6월 1일

### 하나님의 임재를 더욱 풍성히 연습하십시오.

오늘 나는 우리 수도원에 속한 한 형제(자기 자신을 지칭하는 것으로 추정됨)가 깨달은 것들에 대해 적어보려 합니다. 하나님의 임재를 경험할 때 지속적으로 찾아오는 축복들을 함께 나누며 서로 유익을 얻었으면 좋겠습니다.

이 형제는 30년 이상을 하나님의 임재 안에 머무는 연습을 해왔습니다. 하나님을 기쁘시게 하지 않는 어떤 행동이나 말 혹은 생각들을 거부하면서 말입니다. 그는 모든 일에 있어서 하나님을 향한 사랑 외에는 그 어떤 것에도 관심을 두지 않습니다. 사실 하나님은 영원히 우리의 모든 것을 받으실 자격이 충분히 있는 분이십니다.

이제 그에게 하나님의 임재를 경험하는 일은 너무도 자연스러운 것이 되어, 그는 삶의 모든 부분에서 지속적으로 그분의 도우심을 받아 누리고 있습니다. 지난 30년 동안 하나님께서 부어 주신 기쁨이 얼마나 컸었는지, 어떤 때는 자신이 느끼는 감격이 자칫 우스꽝

스럽게 표현될까 조심할 정도였답니다.

그가 하나님의 임재로부터 멀어지려고 할 때면, 하나님은 너무도 친근한 모습으로 자신을 보여 주셨고, 그러면 그는 곧 제자리로 돌아올 수 있었습니다. 이러한 충동은 주로 그가 일상의 직무를 수행할 때 일어났는데, 그럴 때마다 그는 자신의 마음을 기도로 그분께 올려 드리거나, 그분을 향한 감미롭고 사랑스러운 생각을 하며 그것을 말로 표현하기도 했습니다. "나의 하나님, 저를 당신께 온전히 바치나이다. 당신의 마음에 합한 사람으로 만들어 주옵소서." 위와 같은 단순한 몇 마디의 기도는 놀라운 능력을 발휘했고, 그는 그의 영혼 깊은 곳으로 들어가 안식할 수 있었습니다. 이러한 경험들은 그에게 하나님이 가까이 계시다는 사실을 더욱 확신할 수 있게 하였고, 어떤 상황에서도 의심하지 않는 사람으로 만들었습니다.

그가 누린 기쁨과 만족은 참으로 크고 깊은 것이었습니다. 그는 하나님과의 친밀한 관계 속에서 계속적으로 새로운 비밀들을 발견했지만, 그렇다고 조바심을 내며 그것들을 찾아 헤매지는 않았습니다. 그러나 그것들은 언제나 그에게 열려 있었으며, 그는 자신이 원할 때 자유롭게 그것들을 취할 수 있었습니다.

그는 종종 우리의 무지함을 지적했습니다. 그는 우리 삶 속에 하나님의 직접적인 영향을 받는 부분이 너무도 작음을 한탄하곤 했었습니다. 하나님은 무한히 축복하실 준비가 되어 있는데, 우리들은 하찮고 순간적인 것들에 쉽게 만족해 버리지 않습니까? 그는 우리의 무지함이 하나님의 손길을 방해하고 그분의 은혜의 흐름을 제한한다는 사실을 잘 알고 있었지요. 그렇지만 살아 있고 역동적인 믿음을 가지고 있는 영혼에게 부어주시는 하나님의 은혜 또한 너무나 풍성하여 멈출 수 없다는 사실도 알았습니다.

그렇습니다. 우리는 가끔 하늘로부터 오는 복의 진정한 가치를 몰라 그것을 막는 잘못을 범합니다. 그러나 더 이상 그렇게 하지 맙시다. 우리의 마음을 돌아보고 그분의 임재로부터 우리를 분리시키는 모든 장벽들을 무너뜨립시다. 그 동안의 잃어버린 시간들을 보상받기 위해서라도 그분을 향한 복의 통로를 열어 놓고 깨끗이 지킵시다. 우리에게 주어진 시간은 많지 않습니다. 죽음은 그리 먼 미래의 이야기가 아닙니다. 잘 준비해야 합니다. 죽는 것은 한 번뿐이지만, 그 때 우리는 우리의 모든 생각, 말, 행동에 대해 하나님께 직접 고백하게 될 것입니다.

더 이상 머뭇거릴 수 없습니다. 나는 당신이 이미 영적 성장을 위해 이러한 작업들을 시작한 것을 기쁘게 생각하며 축하합니다. 우리는 계속 이 일에 정진해야 합니다. 영적 생활에 있어서 진보가 없다는 것은 곧 퇴보를 의미합니다. 성령의 마음을 가진 사람들은 잠 잘 때조차도 영적 전진을 계속하는 법입니다. 우리 영혼이라는 조각배가 폭풍을 만나 흔들릴 때면, 곁에 계신 주님을 깨우십시오. 그분께서 즉시 잠잠케 해 주실 것입니다.

내가 지금 적어 보낸 생각들을 당신의 것과 비교해 보시기 바랍니다. 이러한 교제를 통해, 우리 서로의 영혼이 새로운 열정으로 타오르기를 기원합니다. 뜨거웠던 첫사랑을 회복하고, 위에 언급한 형제의 사상과 삶의 모범에서 유익을 얻읍시다. 그가 비록 세상에 널리 알려진 인물은 아니지만, 하나님의 지극한 사랑을 받고 있음은 확실합니다. 계속 당신을 위해 기도하겠습니다. 저를 위해서도 기도해 주십시오.

우리 주님 안에서 나는 당신의 것입니다.

# 두 번째 편지

## 언제나 사랑의 원칙으로 행동하십시오.

나는 오늘 서원을 준비하고 있는 한 수녀로부터 두 권의 책과 한 통의 편지를 받았습니다. 그녀는 당신과 당신이 속한 모임에도 자기를 위해 기도해 주기를 부탁했습니다. 그녀를 실망시키지는 않으시겠지요? 그녀의 삶 속에서 이루어질 모든 희생이 오직 그분을 향한 사랑으로만 이루어지고, 그녀가 더 굳건한 믿음으로 헌신할 수 있도록 기도해 줍시다.

하나님의 임재를 연습하는 법을 다룬 책을 한 권 보내 드리겠습니다. 내 생각에는 이것 하나만 제대로 훈련하여도 온전한 영적 생활을 하기에 충분할 것으로 판단됩니다. '영적이다'라는 것은 바로 그분의 임재 안에서 산다는 것이지요. 지속적으로 주님과 바른 관계를 갖기 위해서는 우리 마음 가운데 있는 모든 잡념을 깨끗이 떨쳐 내야 합니다. 그럴 때만이 하나님이 우리 속사람의 주인이 되셔서, 그분이 기뻐하시는 대로 행하실 수 있게 됩니다.

이 세상에서 하나님과 끊임없이 대화하는 것보다 더 감미롭고 즐거운 일은 없습니다. 그분의 임재를 연습하고 경험해 본 사람만이 이것을 이해할 수 있습니다. 그렇지만 나는 당신이 그러한 동기로 그분의 임재를 연습하지 않기를 바랍니다. 우리가 원하는 것은 그분의 임재 그 자체이지 그것이 주는 즐거움이 아니기 때문입니다. 그분은 우리를 자신에게 초청하셨고, 그렇기에 우리는 그분을 사랑합니다.

만일 내가 설교자라면 나는 다른 어떤 주제보다 하나님의 임재를 연습하는 것에 대해 더 자주 증거할 것입니다. 만일 내가 방향을 제시하는 자리에 있다면, 세상 모든 사람들에게 이것을 추천하고 싶습니다. 이 영적 훈련은 꼭 필요하며 또한 아주 쉽습니다.

우리가 얼마나 하나님의 은혜를 절실히 필요로 하는 존재인지를 깨닫는다면, 우리는 결코 한 순간이라도 그분을 놓지 않을 것입니다. 절대 의도적으로 그분을 떠나지 않겠다고 지금 굳게 결심하십시오. 어떤 상황에 처하더라도 그분의 거룩한 임재 앞에서만 남은 생애를 살겠다고 다짐하십시오. 당신의 모든 것을 다해 그분을 사랑하십시오. 당신이 계속 훈련하여 지속적으로 이를 연습하면, 곧 가시적인 결과를 보는 복을 얻을 것입니다.

# 세 번째 편지
# 1685년 11월 3일

## 인내를 위한 권면

엔 (N) 부인 편으로 보내 준 물건들은 잘 받았습니다. 그런데 지난번에 드렸던 하나님의 임재를 연습하는 법을 다룬 책에 대해서는 아직 답을 주지 않았더군요. 나이가 많다고 핑계하지 말고 굳은 결심으로 시작해 보기를 권합니다. 아예 안 하는 것보다는 늦게라도 하는 편이 낫지 않을까요?

나는 주님을 섬기기 원하는 사람들이 어떻게 하나님의 임재를 연습하지 않고 만족스런 삶을 살 수 있는지 이해할 수 없습니다. 나는 내 영혼의 가장 깊은 곳에서 그분과 함께 하기 위해 최선을 다하고 있습니다. 그리고 그분과 함께 있을 때 나는 아무 것도 두렵지 않습니다. 그러나 조금이라도 관심을 다른 데 돌리는 순간 큰 불안이 나를 엄습합니다.

이 훈련을 위해 반드시 몸을 피곤하게 만들 필요는 없습니다. 그러나 가끔 정당한 육신의 즐거움을 억제하는 것은 유익합니다. 하나님은 그분께 헌신되기를 원하는 영혼이 그분이 아닌 다른 것을 탐닉하도록 내버려 두지 않으실 것입니다. 나는 지금 지나친 고행을 강요하는 것이 아닙니다. 우리는 하나님을 섬길 때 거룩한 자유를 누립니다. 우리는 어떤 두려움이나 공포로부터도 해방되어 신실하게 그분을 섬겨야 합니다. 그분으로부터 멀어진 것을 발견하면 즉시 고요한 가운데 우리의 마음을 하나님께로 돌려야 합니다.

우리는 하나님께 온전한 신뢰를 드려야 합니다. 모든 염려를 내려놓아야 합니다. 심지어 우리에게 익숙한 특정한 경건의 행위조차도 그렇게 할 수 있어야 합니다. 형식 자체는 중립적이고 선한 것이지만, 자칫 우리가 거기에 지나치게 큰 의미를 부여한 나머지 하나님으로부터 멀어질 가능성도 엄연히 존재하니까요. 우리가 형식을 갖추어 경건의 훈련을 하는 이유는 결국 하나님께 더 가까이 나아가기 위해서가 아닙니까? 따라서 순간 순간을 그분의 임재 앞에서 사는 법을 배우게 되면, 어떤 특정한 행위만을 고집하는 것은 별 의미가 없게 되지요. 오히려 모든 종류의 찬양, 예배, 간구, 포기, 그 밖의 영적 행위들을 통해 그분의 거룩한 임재를 경험하게 될 것입니다.

처음 이 연습을 시작할 때 생길 수 있는 거부감 때문에 실망하지 마십시오. 숙달되기까지는 많은 인내와 훈련이 필요할 것입니다. 많은 사람들이 처음에는 이 훈련을 시간 낭비라고 생각합니다. 하지만 어려움이 있더라도 죽기까지 인내하겠다고 작정해 보십시오. 당신과 당신이 속한 모임이 저를 위해 기도해 주시면 좋겠습니다.

우리 주님 안에서 나는 당신의 것입니다.

# 네 번째 편지

## 하나님과 함께 살고 하나님과 함께 죽고

당신의 현재 상황에 대해 위로의 마음을 전하고 싶습니다. 현재 당신이 맡고 있는 일들을 다른 사람에게 넘기고, 당신은 하나님을 예배하는 일에만 남은 생애를 전념할 수 있으면 좋겠다는 생각이 듭니다. 그분은 우리에게 많은 것을 요구하지 않으십니다. 짧은 묵상의 시간, 작은 사랑의 행동, 그의 은혜를 의지하여 우리의 문제를 올려드리는 기도, 받은 축복에 대한 감사의 기도 등을 하는 것이 그리 어려운 일은 아닙니다. 그분은 우리 문제의 한 가운데에서도 여전히 우리를 축복하십니다. 그렇기에 우리는 할 수 있는 한 자주 그분 안에서 위로를 받아야 합니다. 당신의 마음을 올려 드리기에 적당한 시간이 따로 정해져 있는 것은 아닙니다. 때와 장소에 상관없이 그분은 우리가 드리는 짧은 예배를 기쁘게 받으십니다. 크게 소리를 낼 필요도 없습니다. 그분은 우리가 생각하는 것보다 훨씬 더 우리와 가까이 계십니다.

반드시 교회에 와야만 하나님을 만날 수 있는 것은 아닙니다. 우리 마음 속에 거룩한 성전을 세우면 언제 어디서나 온유와 겸손과 사랑으로 그분과 대화할 수 있습니다. 하나님은 그분과 친밀한 대화를 할 수 있는 능력을 누구에게나 주셨습니다. 물론 여기에 좀더 뛰어난 사람들이 있는 것도 사실입니다만, 하나님은 각자의 능력을 알고 계시지 않겠습니까? 오늘 당장 새롭게 시작하기로 결심합시다. 그분께서는 우리가 순전한 헌신을 할 때까지 기다리고 계시는지도 모릅니다. 용기를 내십시오.

당신의 나이가 어느덧 예순넷을 바라보고 있고, 나도 이제 곧 여든이 됩니다. 우리 하나님과 함께 살고 하나님과 함께 죽읍시다. 그분과 함께 한다면, 고난도 달콤하고 즐거울 것입니다. 이 땅의 어떤 쾌락이라도 그분을 떠나 있다면, 그것은 잔인한 형벌입니다. 우리 모두의 삶 가운데 하나님만 영광받으시기를!

조금씩이라도 그분을 예배하고, 그분의 은혜를 구하며, 당신의 마음을 그분께 드리는 습관을 기르십시오. 어떤 규칙이나 특정한 형태에 얽매일 필요는 없지만, 사랑과 겸손으로 하나님의 임재에 대한 확신을 가지고 사십시오. 주님 안에서 당신의 종인 나는 당신을 위해 기도할 것입니다.

# 다섯 번째 편지

## 하나님의 임재 안에 거하는 습관을 기르는 방법

내가 하나님의 임재 안에 거하는 습관을 기르기 위해 어떤 방법을 쓰는지 알려 달라고 했었지요? 우선 내가 지금 당신에게 나눌 모든 것은 전적인 하나님의 은혜로 내게 주어졌다는 사실을 밝히고 싶습니다. 사실 당신과 이것들을 나누는 일 자체가 내게는 매우 조심스럽습니다. 이 내용을 누구에게도 보여 주지 않겠다는 조건으로 이 편지를 읽어나가기 바랍니다. 만일 당신이 이 편지를 다른 사람들에게 보여 줄 것이라고 생각했다면, 내가 아무리 당신의 영적 성장을 간절히 바라고 있더라도 이 편지를 보내지 않았을 것입니다. 내가 당신에게 해 줄 수 있는 말은 다음과 같습니다.

하나님께 나아가기 위한 여러 방법들과 경건 생활의 여러 방식들을 소개하는 많은 책들이 있지만, 그것들은 내가 완전히 하나님의 소유가 되는 데 도움을 주기보다는 혼란을 가중시키는 면이 더 많았습니다. 그래서 나는 단순히 내 전부를, 내 전부가 되시는 그분께 드리기로 결정했습니다. 하나님의 사랑을 위해서 나는 그분 이외의 모든 것을 포기하였습니다. 나 자신을 온전히 그분께 드림으로, 죄사함에 대한 감사를 표현하고자 했습니다. 마치 이 세상에는 그분과 나 외에는 그 어떤 것도 존재하지 않는 것처럼 살기 시작했습니다.

때로 나는 심판자이신 그분의 발 밑에 엎드린 불쌍한 죄인이었습니다. 그러나 근본적으로 그분은 내 가슴을 가득 채우는 나의 아버지이자 나의 하나님이십니다. 나는 할 수 있는 한 자주 그분을 예배했습니다. 내 마음을 그분의 거룩한 임재에 집중시켰습니다. 주의가 산만해질 때마다 나는 반복해서 이것을 스스로에게 상기시켰습니다. 처음에 이것은 아주 고통스러운 작업이었습니다. 그러나 나는 어려움 속에서도 포기하지 않았습니다. 때로 무의식 중에 내 마음이 흐트러질 때도 걱정하거나 실망하지 않았습니다. 나는 온 종일 그분의 임재에만 집중하는 이 일을 가장 중요한 관심사로 삼았습니다. 정해진 기도 시간 중에도 그랬고, 일상의 업무를 집행할 때에도 마찬가지였습니다. 어느 순간에도, 심지어 하루 중 가장 바쁜 시간에도, 하나님을 묵상하는 데 방해가 될 수 있는 모든 것으로부터 내 시선을 돌리는 데 최선을 다했습니다.

나는 수도 생활을 시작한 후 항상 이 일에 힘써 왔습니다. 그리고 비록 내가 이것들을 완벽하게 해내지 못했음에도 불구하고, 나는 많은 복을 받았습니다. 나는 이 모든 것이 전적으로 하나님의 자비와 선하심으로 주어졌다는 사실을 잘 압니다. 왜냐하면 우리는 그분을 떠나서는 아무 것도 할 수 없기 때문입니다. 다른 사람들은 어떤지 몰라도 나는 더욱 그렇습니다. 우리가 그분의 거룩하신 임재 속에 신실하게 머물며 언제나 그분만을 먼저 생각하면, 그분은 우리를 의도적인 불순종으로부터 건지실 뿐만 아니라 하늘 아버지와의 거룩한 친교를 맛보게 하십니다. 그러면 우리는 그렇게도 절실히 필요로 하고 원했던 그분의 은혜를 구하고 또 받을 수 있는 자유를 얻게 됩니다. 자주 하나님의 임재 속에 들어가는 행위를 연습하면, 그것은 습관으로 자리잡을 것이고, 그렇게 되면 우리는 더 자연스럽게 하나님의 임재를 경험하게 될 것입니다.

하나님께서 내게 보여 주신 놀라운 선하심을 함께 찬양합시다. 나는 그분의 선하신 속성을 절대로 다 이해할 수 없을 것입니다. 왜 나

같이 비참한 죄인에게 이렇게 많은 축복을 주시는지. 만물들아, 그의 이름을 찬양할지어다. 아멘.

# 여섯 번째 편지

## 견실하고 굴하지 않는 믿음

내가 설명하는 삶의 방식은 책에서 배운 것이 아닙니다. 이 편지의 내용에 대해 당신의 견해를 알려 준다면 내게 큰 도움이 될 것입니다.

최근에 종교성이 강한 어느 분과 대화를 했었습니다. 그가 말하기를 영적 생활이란 곧 은혜를 경험하는 생활인데, '두려움에 기인한 복종'으로 시작해서 '영생에 대한 소망'을 거쳐 '순전한 사랑'으로 온전케 된다고 했습니다. 그리고 하나님과 연합하는 축복된 상태에 도달하는 데는 여러 가지 단계들이 있다고도 했습니다.

나는 사실 이런 방법으로 하나님께 나온 것이 아닙니다. 왜 그런지 정확히는 모르겠지만, 그 사람과 대화를 마친 후 나는 곧 두려움과 실망에 사로잡혔습니다. 내가 처음부터 단순히 하나님을 사랑하는 마음만으로 그분께 나 자신을 온전히 내어드리고 그 외에 모든 것을 포기하기로 작정한 것도 이런 이유였던 것 같습니다.

내가 처음 영적 생활을 시작할 때에는, 기도 시간이 되면 죽음, 심판, 지옥, 천국, 죄 등의 문제들이 내 마음을 가득 채우곤 했었습니다. 그래서 나는 수년 동안 정해진 기도 시간 외에 다른 때에라도 하나님의 임재하심만을 내 마음 속에 그리고자 노력했습니다. 시간이 지나면서 나는 바쁜 일과의 한 가운데서도 하나님께서 가까이--때로는 내 영혼의 가장 깊은 곳에--계신 것을 보기 시작했습니다. 나는 점진적으로 같은 수준의 친밀감을 기도 시간에도 유지할 수 있게 되었습니다. 나는 큰 기쁨과 평안을 얻었습니다. 계속적인 하나님의 임재는 한층 높은 차원의 하나님에 대한 지식을 제공해 주었고, 나는 오직 그분을 믿는 믿음만으로 만족할 수 있었습니다.

이렇게 시작은 했지만 최소한 처음 십 년은 내게 무척이나 고생스러웠던 시절이었다는 말씀을 드려야할 것 같습니다. 내 마음은 언제나 내가 하나님이 원하시는 만큼 헌신되어 있지 못하다는 근심으로 가득 찼습니다. 내 과거의 죄가 내 마음을 지배했고, 역설적이지만 그분의 계속적인 선하심과 한없는 은혜는 죄책감과 슬픔만을 가중시켰습니다. 이 기간 동안 나는 참 많이도 넘어졌습니다. 그렇지만 나는 다시 일어나 달리기를 멈추지 않았습니다. 사람, 이성(理性), 심지어 하나님조차도 다 나를 대적하는 것처럼 느껴졌을 때, 나를 지켜 주었던 유일한 것은 바로 믿음이었습니다. 어떤 때는 내가 하나님으로부터 그렇게 큰 은혜를 받았다고 생각하는 것이 나만의 착각이 아닐까 하고 걱정하기도 했습니다. 나는 다른 사람들이 많은 노력을 통해 도달하는 영적 수준에 하나님께서 나를 단번에 올려놓으셨다고 생각하기도 했습니다. 그런 반면 내가 나 자신을 속이고 있고 내게 구원은 없을 것이라고 비관하기도 했었습니다.

내 삶의 문제들이 결코 끝나지 않을 것이라는--그리고 이것들이 하나님을 향한 나의 신뢰를 훼손하지 못하며 오히려 내 믿음을 키워 준다는--사실을 깨닫는 순간 나는 완전히 변화되었습니다. 그렇게도 불안하고 힘들었던 내 영혼은 영원한 안식처를 찾은 듯 깊은 평화를 느끼게 되었지요. 그 후로 나는 믿음과 겸손, 사랑으로 단순히 하나님과 함께 걷고 있습니다. 그리고 하나님을 기쁘시게 하지 못하는 어떤 행동이나 생각도 하지 않으려고 최선을 다하고 있습니다. 이제 나는 내가 할 수 있는 모든 것을 다했을 때 결국 하나님의 뜻대로 이루어질 것을 확신합니다.

지금 내 안에 어떤 일이 일어나고 있는지를 다 말로 표현하기는 어렵습니다. 한 가지 확실한 것은, 나는 내가 처해 있는 상황에 대해 걱정하거나 염려하지 않는다는 사실입니다. 나는 하나님이 뜻하시는 것 외에 내 의지를 가지고 있지 않습니다. 나는 모든 일에 있어 그분의 뜻을 행하기를 원합니다. 그분의 명령에 반하거나 그분을 향한 순전한 사랑에 의한 것이 아니라면, 지푸라기를 줍는 것 같은 하잖은 일 하나라도 하지 않을 것입니다.

이제 나는 규칙으로 정해진 시간 외에는 어떤 형태의 명상이나 기도도 하지 않습니다. 오히려 내 삶 전부를 그분의 거룩한 임재 앞에 모두 드리기로 결정했습니다. 나는 시선을 하나님께 고정시키고 마음을 하나님의 사랑에 집중함으로 이 상태를 유지합니다. 매 순간마다 하나님과 무언의 대화를 나누는 셈입니다. 이 때 하나님의 임재하심은 너무도 실제적이고 큰 만족과 기쁨을 주는 것이어서, 나는 종종 이러한 감격이 유치한 방법으로 표현되지 않도록 절제해야 할 때도 있습니다.

내 영혼이 지난 삼십 년 동안 하나님의 임재 가운데 거했다는 사실을 나는 조금도 의심하지 않습니다. 그 중에서 나는 중요하지 않다고 생각되는 많은 세부 항목들을 생략했습니다. 다음으로, 나의 주인이자 왕이신 하나님의 임재 앞에서 내가 나 자신에 대해서 어떻게 느끼는지에 대해서 적을 필요가 있을 것 같습니다.

나는 오류와 부패로 가득 찬 가장 비참한 사람입니다. 나는 왕이신 그분 앞에서 수많은 죄악을 저질렀습니다. 그리고 나는 깊은 후회와 함께 그분께 내 죄를 고백합니다. 나는 용서를 구하며 그분의 손에 나를 내어 드리고 어떤 처분이라도 달게 받을 각오를 합니다. 그러나 왕이신 주님은 긍휼과 사랑이 많으셔서, 나를 징계하기보다는 사랑으로 안으시고, 그분의 식탁으로 나를 초대하시며, 손수 나를 대접하시고, 온갖 보화를 주십니다. 그분은 나와 계속적으로 대화하는 것을 즐거워하시며, 수많은 방법으로 내게 복을 주시고, 가장 아끼는 자녀처럼 나를 사랑해 주십니다. 이것이 그분의 거룩한 임재 속에 있을 때 내가 느끼는 바입니다.

주님 안에서 나는 그분께 모든 주의를 집중하고 온 마음과 영혼과 뜻과 힘을 다해서 그분을 사랑합니다. 나는 종종 갓난아이가 엄마 품에서 느끼는 것보다 더 강한 사랑과 기쁨을 느끼며 하나님께 붙어 있는 나 자신을 봅니다. 좀 과격하게 말해서, 나는 이것을 하나님의 젖가슴이라고 부르고 싶습니다. 그분 안에서 맛보고 경험하는 환희를 다 표현하기란 애초에 불가능합니다. 혹시라도 내가 그분의 임재로부터 떠날 때면, 너무도 매혹적이고 상쾌한 하나님의 인도하심이 나를 다시 돌아오게 합니다.

나는 당신이 나를 평가할 때, 자격도 없고 감사할 줄도 모르는 내게 내려진 축복을 가지고 하기보다는 이미 익히 알고 있을 나의 죄된 모습들을 가지고 하기를 바랍니다.

정해진 기도 시간은 내게 있어 하나님의 임재를 연습하는 일상의 연장입니다. 때때로 나는 기도 중에 나 자신이 아름다운 작품을 만드는 조각가의 손에 맡겨진 투박한 돌처럼 느껴지기도 합니다. 나는 이런 방법으로 나 자신을 하나님께 내어드리고 그분께서 내 영혼에 그분의 완전한 형상을 이루시기를 갈망합니다. 그리고 그것이 이루어질 때까지 그분의 손길이 멈추지 않기를 바랍니다.

또 다른 기도 시간 중에 나는 어떤 생각이나 노력도 필요 없이 내 영과 혼이 하나님의 임재 속에 올려져서 놀라운 안식의 장소에 고정되어 있음을 느끼기도 합니다. 어떤 사람들은 이것을 영적 게으름이나 자기애, 혹은 망상이라고 비난하기도 하지요. 그러나 이것은 오직 하나님만을 사랑하는 상태에 머무르는 것이기 때문에, 거룩한 게으름이요, 거룩한 자기애라고 주장하고 싶습니다. 우리의 영혼이 진실로 하나님의 임재 가운데 있다면, 평소에 아무 거리낌없이 할 수 있었던 모든 육적인 행위들이 장애물로 여겨질 것입니다. 나는 이러한 상태를 망상이라고 부르는 데 동의할 수 없습니다. 이런 방식으로 하나님을 기뻐하는 사람은 하나님 외에 어떤 것도 바라지 않습니다. 그래도 굳이 이것을 망상이라고 하고 싶다면, 이 망상은 오직 하나님 한 분만이 고치실 수 있을 것입니다. 그분은 자신이 기뻐하시는 어떤 일이라도 내게 하실 수 있습니다. 나는 그분만을 바라고 그분께만 내 전부를 드릴 것입니다.

나는 이러한 문제들에 대한 당신의 생각을 듣기 원합니다. 나는 당신의 견해를 소중히 여기며 또한 당신의 영성을 존경합니다. 주님 안에서 나는 당신의 것입니다.

## 일곱 번째 편지
## 1688년 10월 12일

**군인으로 복무하는 형제에게 하나님만을 신뢰하도록 격려함**

우리가 섬기는 하나님은 무한히 은혜로우시고 우리의 모든 필요와 소원을 아십니다. 그분은 완벽한 그분의 시간에 임하실 것입니다. 이 시간이 언제인지 예상하기는 대단히 어렵습니다. 그분의 때가 언제인지를 알려고 하기보다 더욱 그분을 앙망하는 일에 힘쓰십시오. 당신에게 부어 주신 축복을 인해 나와 함께 그분께 감사합시다. 이렇게 힘든 고난의 때에 그분은 당신에게 능력과 인내를 주셨습니다. 그분이 당신을 사랑하고 계신 것은 자명합니다. 그분 안에서 위로를 얻고 모든 일에 감사하십시오.

엔 (N) 형제의 능력과 용기에 찬사를 보냅니다. 하나님은 그에게 좋은 성품과 의지력을 주셨습니다. 하지만 그가 여전히 세상의 영향을 받고 있고 아직 많이 미숙한 것 또한 사실입니다. 하나님께서 그에게 허락하신 이 연단을 통해 그가 이 문제들을 해결하고 자신을 더욱 깊이 성찰할 수 있기를 소망합니다. 이것은 그가 어디에서나 늘 함께 하시는 하나님께 온전히 신뢰하도록 해 줄 좋은 기회입니다. 할 수 있는 한 자주 하나님을 생각하라고 권면하십시오. 특별히 가장 위험한 때에 더 그렇게 하라고 하십시오. 마음을 올려드리는 작은 행위--짧은 묵상의 순간 혹은 예배의 몸짓--하나라도 그분은 기쁘게 받으십니다. 긴 행군을 하는 중에서도 하나님을 우러러 짧은 예배의 순간들을 가질 수 있을 것입니다. 그리고 이런 행위들은 위험 속에 처한 군인을 나약하게 만드는 것이 아니라 더욱 강하게 해 줄 것입니다.

그에게 하나님을 묵상하는 습관을 기르도록 권면하십시오. 이것은 본인 외에는 누구도 알 수 없는 자기와의 싸움입니다. 하지만 사실 종일 내적으로 하나님을 흠모하는 것처럼 쉬운 일도 없습니다. 매일 생사의 갈림길에 서는 군인 신분인 엔 형제에게는 더욱 이런 생활이 필요할 것입니다. 하나님께서 그와 그의 가족을 도우시기를 바라며 안부를 전합니다. 나는 모든 일에 있어 당신의 것입니다.

# 여덟 번째 편지

## 기도 중 떠오르는 잡념들에 관하여

당신이 제기하는 문제는 전혀 새로운 것이 아닙니다. 우리들 모두 기도 중에 떠오르는 잡념들 때문에 고민합니다. 우리의 생각은 산만해지기가 아주 쉽습니다. 하지만 우리 몸과 마음의 모든 기관을 다스리는 것은 바로 의지입니다. 우리는 마음을 의지적으로 하나님께로 돌려야 합니다.

초기 단계에서 마음을 잡아 두지 못해서 집중하지 못하고 쉽게 산만해지는 습관이 생기면, 나중에 이를 제어하기란 매우 힘든 일입니다. 그렇게 되면 때로 우리는 의지를 거스르면서까지 세상적인 생각에 빠지게 될 수도 있습니다.

이를 해결하는 방법은 하나님 앞에서 우리의 잘못을 고백하고 자신을 겸손히 낮추는 것이라고 나는 믿습니다. 나는 기도할 때 많은 말을 하라고 권하고 싶지 않습니다. 그것은 자칫 산만해지는 원인이 되기 쉽습니다. 그러기보다는 부잣집 대문 앞에 앉아 있는 반신불수이자 벙어리인 거지와 같은 태도를 가지십시오: 주님의 임재 속에 들어가는 일에만 온 정신을 집중해야 합니다. 때로 마음이 산만해져 그분으로부터 멀어져도, 너무 걱정하지는 마십시오. 걱정은 마음을 더 혼란스럽게 할 테니까요. 우리는 의지를 사용해서 부드럽고 평화적인 방법으로 우리의 마음을 하나님께로 돌려야 합니다. 당신이 인내를 가지고 꾸준히 노력한다면, 하나님이 당신의 생각을 그분께 붙들어 매는 일에 도움을 주실 것입니다.

기도할 때 마음을 집중해서 조용히 기도를 이어나가는 것을 돕는 하나의 방법은 하루의 일과 동안 마음이 하나님으로부터 너무 멀리 떠나지 않도록 하는 것입니다. 당신은 언제 어디서나 하나님의 임재에 마음을 집중할 수 있어야 합니다. 일상 생활 중에 하나님을 생각하는 것에 익숙해지면 기도할 때 고요하게 그분께 집중하기가 훨씬 쉬워질 것입니다. 그렇지 않더라도 최소한 산만해졌을 때 더 쉽게 돌아올 수는 있을 것입니다.

나는 이미 당신에게 하나님의 임재를 연습하는 것이 가져다 주는 많은 유익에 대해 말했습니다. 우리 더욱 진지한 마음으로 이것을 연습하며, 서로를 위해 기도합시다.

# 아홉 번째 편지
## 1689년 3월 28일

### 잃어버린 시간 되찾기

동봉한 또 한 통의 편지를 엔 (N) 자매에게 전해 주시기를 부탁드립니다. 그녀는 좋은 의도를 가지고 있긴 하지만, 은혜가 임하는 속도보다 더 빨리 진보를 이루고 싶어하는 듯합니다. 우리가 단숨에 거룩해질 수는 없습니다. 그녀를 잘 돌보아 주기를 바랍니다. 우리 둘 다 그녀에게 좋은 말로 도움을 주어야 하겠습니다. 그리고 무엇보다 좋은 모범을 보여야 할 것입니다. 가끔 그녀의 소식을 알려 주십시오. 그녀가 믿음 안에서 열정적이고 또한 순종적인지 말해 주십시오.

우리가 이 땅에 사는 유일한 목적은 하나님께 영광과 명예를 드림으로 그분을 기쁘시게 하는 것임을 명심해야 합니다. 이 외의 모든 일은 어리석고 헛된 것입니다. 당신과 나는 이제 수도 생활을 한 지 사십 년이 넘었습니다. 우리가 과연 이 기간 동안 온전히 하나님을 사랑하고 섬기는 일에만 힘썼습니까? 우리는 하나님께서 우리를 부르신 이유가 바로 여기에 있다는 사실을 결코 잊어서는 안 됩니다. 나는 하나님께서 내게 얼마나 많은 축복을 주셨고, 또 지금도 그렇게 하시는가를 생각할 때마다 부끄러워집니다. 나는 그분이 주신 시간을 잘 활용하지 못했고, 영적인 진보 또한 아주 미미합니다.

그분의 은혜로 우리에게는 아직도 시간이 남아 있습니다. 우리 잃어버린 시간을 만회하기 위해서라도 언제나 사랑으로 우리를 맞아 주실 준비가 되어 있는 그분께 돌아갑시다. 그리고 끊임없이 그분을 묵상하고 전적으로 그분을 신뢰합시다. 그러면 곧 가시적인 효과를 보게 될 것입니다: 그것은 곧 우리에게 모든 것을 가능하게 하는 그분의 풍성한 은혜입니다. 이것 없이 우리가 할 수 있는 일이라고는 죄를 짓는 것밖에 없습니다.

하나님의 실제적이며 지속적인 도우심 없이 우리가 삶의 많은 위험들로부터 벗어나는 것은 불가능합니다. 그러므로 우리는 계속 기도해야 합니다. 하지만 우리가 그분과 함께 있지 않다면 어떻게 그분께 기도할 수 있겠습니까? 그분을 자주 생각하지 않는다면 어떻게 그분과 함께 있을 수 있겠습니까? 그리고 우리의 생각을 그분께 맞추는 거룩한 습관을 기르지 않는다면 어떻게 그분을 자주 생각할 수 있겠습니까? 당신은 지금쯤 내가 똑같은 말만 반복한다고 느끼고 있을지도 모릅니다. 사실 그렇습니다. 내가 반복해서 말하는 이것이 내가 알고 있는 가장 좋은 그리고 가장 쉬운 방법입니다. 나는 다른 방법은 알지도 못하고 써보지도 않았기 때문에 온 세상에 이것을 권하는 것입니다. 우리는 그분을 사랑하기 전에 먼저 그분을 알아야 합니다. 그분을 알기 위해서 우리는 자주 그분을 생각해야 합니다. 우리가 사랑이 가득한 마음으로 그분께 나아올 때, 우리는 더 많이 그분을 생각하게 될 것입니다. 우리의 마음은 우리가 소중히 여기는 것과 함께 하기 마련입니다. 지금까지 내가 한 말을 심사숙고해 주기를 바랍니다.

# 열 번째 편지
# 1689년 10월 29일

## 하나님이 우선이어야 함

엔 (N) 씨에게 편지하는 것이 내게는 굉장히 어려운 일이었지만, 엔 씨의 부인과 당신이 요청한 대로 하였습니다. 만일 엔 씨가 지금 겪는 상실감을 하나님을 신뢰함으로 잘 극복한다면, 그분께서 더 선한 다른 친구를 보내 주실 것을 믿습니다. 하나님은 우리의 마음을 만지시기를 원하십니다. 엔 씨는 죽은 친구에게 지나친 애착을 가지고 있는 것 같습니다. 물론 우리는 친구들을 사랑해야 합니다만, 언제나 우리의 최우선이 되어야 하는 하나님을 사랑하는 일에 방해가 되지 않는 범위에서 그렇게 해야 합니다.

나는 당신의 믿음이 자라고 있음을 매우 기쁘게 생각하며 그분께서 당신에게 더 큰 믿음을 허락하시기를 기도합니다. 가장 선하고 믿을 만한 "친구"이신 하나님께는 아무리 많은 신뢰를 드려도 지나치지 않습니다. 그분은 이 세상에서나 내세에서나 결코 우리를 실망시키지 않을 것입니다.

내가 추천한 방법들을 기억하십시오. 하나님을 할 수 있는 한 자주 생각하십시오. 낮이나 밤이나, 일상 생활 속에서나 정해진 기도 시간에나, 또한 기분 좋게 휴식을 취하는 시간에도 그렇게 하십시오. 그분은 언제나 당신과 함께 계시며, 결코 당신을 떠나지 않으실 것입니다. 나를 방문한 친구를 혼자 내버려 두는 것은 실례라고 말씀하시겠지요? 그렇다면 어떻게 우리 마음 속에 거하시는 하나님을 무시할 수 있습니까? 그분을 잊지 마십시오. 자주 그분을 생각하고, 쉬지 않고 그분을 사랑하며, 살든지 죽든지 그분의 임재 가운데 있겠다고 결심하십시오. 이것이 그리스도인이 해야 할 영광스러운 일입니다. 이것이 우리의 소명입니다. 만일 이것이 자연스럽게 되지 않는다면 정성을 다해 배워야 합니다. 나도 기도로 열심히 당신을 돕겠습니다. 나는 주님 안에서 여전히 당신의 것입니다.

# 열한 번째 편지
# 1690년 11월 17일

## 고난 중에 견디며

나는 당신이 고통으로부터 벗어나는 것만을 위해 기도하지 않습니다. 하지만 하나님께서 당신에게 그것을 견딜 수 있는 능력과 인내를 주시도록 간절히 기도하고 있습니다. 십자가처럼 힘든 고난을 당한다고 느낀다면 오히려 위로를 얻으십시오. 그리스도와 함께 고난받는 것은 축복입니다. 또한 그분의 완벽한 시간에 분명 나음을 얻을 것입니다. 고난에 익숙해지도록 또 그분이 원하시는 만큼 견딜 수 있는 능력을 위해 구하십시오. 세상 사람들이 이 진리를 깨닫지 못하더라도 놀라지 마십시오. 그들은 그리스도인들과는 다른 그들 나름대로의 삶을 살아갈 수밖에 없으니까요. 그들은 질병을 자연이 주는 괴로움이라고 여길 뿐 하나님이 쓰시는 축복의 도구가 될 수 있다는 사실을 모릅니다. 그렇기 때문에 그들은 슬퍼하고 비통해 하기만 하지요. 하지만 질병을 자비하신 하나님의 손에서 나오는 성결하게 하는 도구로 여기는 사람은 그 안에서 행복과 평안을 찾을 수 있습니다.

나는 하나님께서는 종종 우리가 건강할 때보다 병들었을 때 우리와 가까이 계시다는 사실을 당신이 알았으면 좋겠습니다. 하나님이 지시하신 것이 아니라면 어떤 인간의 방법에도 의존하지 마십시오. 그분이 친히 당신의 치료자가 되실 것입니다. 전적으로 그분을 신뢰할 때, 당신은 곧 회복의 증거들을 보게 될 것입니다. 우리는 종종 하나님보다 세상적인 방법을 더 신뢰함으로써 치유를 지연시키는 경우가 있습니다. 당신이 어떤 치료 방법을 선택하든, 결국은 하나님이 허락하시는 만큼만 낫게 될 것입니다. 고통이 하나님으로부터 왔다면 오직 그분만이 낫게 하실 수 있습니다. 그리고 그분은 많은 경우 영혼의 병을 치료하기 위해 육신의 병을 주십니다. 하나님께서는 몸과 영혼을 다 치유하시는 의사라는 사실에 위로를 얻으십시오.

당신이 이 편지를 읽으면서, 내가 주님의 식탁에서 먹는 평안함을 거리낌 없이 누리는 경지에 이르렀다고 평가할 수도 있을 것 같습니다. 그러나 이렇게 한번 생각해 봅시다. 이 세상에서 가장 악한 죄인이 왕의 식탁에서 섬김을 받는 것은 대단히 복된 일이기는 하지만,

만일 용서받았다는 확신이 없다면 얼마나 고통스러운 일일까요? 전능하신 왕이 또한 무한히 선하시다는 사실을 믿는 믿음 외에는 그 무엇도 그를 평안하게 할 수 없을 것입니다.

나는 왕이신 하나님의 식탁에서 즐거움을 누리면서도 용서받지 못했을 것이라는 불안감으로 괴로워합니다. 이것이 내게 큰 고통이긴 하지만 동시에 나를 더욱 믿음의 길로 인도한다는 측면에서는 즐거움이 됩니다.

하나님이 당신을 어떤 상황 가운데 두신다 할지라도 만족하는 법을 배우십시오. 당신은 내가 무척 행복해 보이겠지만, 나는 오히려 당신이 부럽습니다. 고통이나 고생도 하나님과 함께 할 수 있다면 낙원이 됩니다. 그러나 이 세상이 줄 수 있는 가장 큰 즐거움도 그분 없이 즐기는 것은 지옥과 같습니다. 나는 진정 그분의 영광을 위해 고생하는 것에서 평안을 느끼기 원합니다.

이제 얼마 지나지 않아서 나는 이 땅을 떠나 하나님께 갈 것입니다. 이 땅에서 내가 얻은 오직 한 가지 위안이 있다면 그것은 이제 내가 믿음으로 그분을 제대로 볼 수 있게 되었다는 사실입니다. 나는 이제 그분을 너무나 뚜렷하게 볼 수 있어서, 때로는 "나는 믿는다"가 아니라 "나는 본다!"라고 말하고 싶을 정도입니다. 나는 믿음이 가르쳐 주는 진리들을 직접 경험했고, 이러한 사실은 내가 그분과 함께 살고 또한 그분과 함께 죽을 수 있게 합니다.

언제나 하나님과 함께 하십시오. 그분만이 당신이 겪는 고통에 대한 유일한 위로자이시며 후원자이십니다. 늘 그분이 당신과 함께 하시길

빕니다. 나는 주님 안에서 당신의 것이며, 당신을 섬기기를 원합니다.

# 열두 번째 편지
# 1690년 11월 28일

## 믿음으로 평안을 얻음

만일 우리가 하나님의 임재 안에 거하는 훈련이 잘 되어 있다면 질병에 시달리는 기간이 가볍고 짧게 느껴질 것입니다. 하나님은 종종 우리의 영혼을 정화하고 그분 안에 머물도록 견인하기 위해 약간의 고통을 허락하십니다.

용기를 내십시오. 계속해서 그분께 당신의 고통을 올려 드리고 그것을 견딜 힘을 달라고 기도하십시오. 무엇보다 하나님의 임재 안에 사는 습관을 유지하고, 그분을 잊지 않도록 노력하십시오. 질병 가운데도 그분을 예배하고, 끊임없이 그분께 자신을 드리십시오. 고통의 정도가 극에 이르렀을 때, 아이가 사랑 많은 아버지에게 하듯이 그분의 거룩한 뜻을 이루는 평안함을 달라고 기도하십시오. 나도 보잘 것 없는 능력이지만 기도로 돕겠습니다.

하나님은 우리를 그분께 이끄는 데 여러 가지 방법을 사용하십니다. 때로는 우리의 믿음을 강하게 하기 위한 방편으로 자신을 숨기시기도 합니다. 참 믿음은 어려운 상황을 넉넉히 이기게 합니다. 하나님을 믿는 믿음만이 우리를 견고히 세우는 토대가 될 수 있습니다.

나는 하나님이 내게 어떤 계획을 가지고 계시는지 다 알지 못합니다. 그렇지만 온 세상이 다 고통스러워하는 상황 속에서라도, 나는 그분 안에서 주체할 수 없는 기쁨을 누릴 수 있습니다. 나는 가장 큰 징계를 받아 마땅함에도 불구하고, 계속적인 그분의 은혜로 언제나 행복합니다.

하나님께서 당신의 고난 중에 함께 하시기를 기도하겠습니다. 나는 그분이 나를 떠나는 순간 나는 세상에서 가장 약하고 비참한 존재가 되어버린다는 사실을 잘 압니다. 하지만 그분이 나를 어떻게 떠나실 수 있는지 나는 알지 못합니다. 내가 믿는 하나님은 내가 먼저 그분을 떠나지 않는 한 결코 나를 떠나실 수 없음을 확신합니다. 항상 그분의 임재 안에 있으면서 혹시라도 그분을 떠나지 않도록 조심합시다. 그분의 임재 안에서 살고, 그 안에서 죽기를 결심합시다. 나를 위해 기도해 주십시오. 당신을 위해서 기도하겠습니다.

# 열세 번째 편지

## 하나님을 전적으로 신뢰하도록 권면함

나는 당신이 이렇게 오랫동안 고통받는다는 사실에 마음이 아픕니다. 당신의 슬픔을 염려하고 있는 제게 조금이나마 위안이 되는 것은 당신이 지금 느끼는 슬픔은 당신을 향한 하나님의 사랑을 증거한다는 사실입니다. 당신이 지금의 고난을 이러한 시각으로 본다면 참아내기가 한결 쉬울 것입니다. 현재 당신이 처한 상황으로 보건대, 모든 인간적인 노력을 다 포기하고 하나님의 뜻에 완전히 자신을 드리는 것이 바람직하다고 여겨집니다. 그분은 당신을 치료하기 전에 당신이 자아를 포기하고 전적으로 그분을 신뢰하게 되기를 기다리고 계신지도 모릅니다. 이제 모든 인간적인 방법들은 다 실패했기 때문에, 진심으로 그분의 손에 당신을 드리고 그분께만 모든 것을 의지할 수 있을 것입니다.

지난 번 편지에서 그분은 종종 영혼의 병을 치유하기 위해서 육신의 병을 허락하신다는 말을 했었지요. 그런 맥락에서 용기를 내어 기도하되, 고통에서 구원되기 위해서가 아니라 오직 그분만을 사랑하는 마음으로 인내할 수 있는 힘을 달라고 하십시오. 그분이 계획하신 기간 동안 그분이 필요하다고 생각되는 만큼 넉넉히 감당할 수 있을 것입니다.

인간의 본성에 비추어볼 때 이러한 기도는 매우 어려운 것입니다. 그러나 이것은 분명 하나님을 기쁘시게 하는 일이고, 우리가 그분께로 온전히 주의를 집중한다면 굉장한 희열을 맛볼 수 있는 일입니다. 사랑은 어떤 고통도 달게 받을 수 있게 합니다. 우리가 진정으로 하나님을 사랑할 때, 우리는 기쁘고 용감하게 그분을 위해 고난을 받을 수 있습니다. 나는 당신이 오직 한 분 진정한 치료자이신 그분 안에서만 평안함을 누리기를 빕니다.

그분은 고통받는 사람들의 아버지로서, 언제나 도울 준비가 되어 있습니다. 그분은 우리가 상상하는 것보다 훨씬 더 우리를 사랑하십니다. 우리 이제 그 사랑에 보답하여 오직 그분만을 사랑하고 다른 어떤 것에서도 평안을 구하지 맙시다. 나는 당신이 그분의 평화를 받아 누리게 되기를 기도합니다. 형편없고 미약하나마 내 기도로 당신을 돕겠습니다. 나는 언제나 주님 안에서 당신의 것입니다.

# 열네 번째 편지
# 1691년 1월 22일

## 자비에 대한 감사, 고난 중에 위로

원하던 대로 당신의 상태가 좀 나아졌다는 소식에 하나님께 감사드립니다. 나는 죽음을 눈앞에 둔 요즘만큼 삶이 만족스러웠던 적이 없는 것 같습니다. 나는 더 이상 낫기를 위해 기도하지 않기로 했습니다. 그보다는 용기와 겸손, 사랑으로 고통을 견딜 수 있는 능력을 위해 기도합니다.

하나님과 함께 고통받는 것은 얼마나 멋진 일인지요! 아무리 큰 고통이라 할지라도, 사랑으로 받아들이십시오. 이 땅에서 낙원의 평화를 누리기 원한다면, 우리는 먼저 겸손과 사랑을 바탕으로 한 하나님과의 관계에 익숙해져야 합니다. 우리는 우리 영이 방황하지 않도록 성실하게 살피고, 우리의 마음이 지속적으로 하나님의 사랑을 이루어 드리는 성전이 되게 해야 합니다. 우리는 그분을 기쁘시게 하지 못하는 것을 행하지도, 말하지도, 심지어 생각하지도 말아야 합니다. 우리의 정신이 하나님께 사로잡혀 있으면, 고통마저도 성령의 치유와 평안의 도구로 변할 것입니다.

처음부터 단번에 이 수준에 이르기가 힘들다는 것을 나는 알고 있습니다. 순수하게 믿음으로만 행하는 일이 쉬운 일은 아닙니다. 하지만 아무리 어려운 일이라도 하나님의 은혜를 의지한다면 감당할 수 있습니다. 그분은 열심히 자신을 찾는 자들을 외면하지 않으십니다. 두드리고 또 두드리십시오. 그러면 언젠가 그분의 완벽한 때에 하늘 문을 열고 수년간 쌓아두었던 복들을 부어 주실 것입니다. 이제 이별을 고합니다. 나를 위해 기도해 주십시오. 당신을 위해 기도하겠습니다. 곧 그분을 뵙기를 소망합니다.

# 열다섯 번째 편지
# 1691년 2월 6일

## 하나님을 아는 지식에서 더 깊어지도록 권면함

하나님은 우리가 필요한 바를 다 알고 계십니다. 그가 하시는 모든 일들은 우리의 유익을 위함입니다. 우리가 그분이 우리를 얼마나 사랑하고 계시는지 안다면, 우리는 그분의 손으로부터 나오는 모든 것을 동일한 자세로 받아들일 수 있을 것입니다. 그것이 즐거움이든 고통이든, 그분으로부터 왔다는 사실 자체로 기뻐할 수 있을 것입니다. 최악의 고통 속에서라도 하나님의 선하심에 대해 바른 이해를 갖고 있다면, 견디는 것이 불가능하지만은 않습니다. 모든 것은 하나님의 손에 달려 있고, 슬픔과 고통을 허락하는 분이 우리의 선하신 하나님 아버지라는 사실을 알게 되면, 모든 비통함은 사라지고 위로만이 남게 됩니다.

우리는 모든 생각을 하나님을 아는 데 집중해야 합니다. 그분을 더 많이 알게 될수록, 그분을 더욱 더 많이 알고 싶어질 것입니다. 보통 사랑은 지식과 비례해서 늘어나기 때문에, 우리가 그분을 더욱 깊고 폭넓게 알게 되면 그분을 향한 우리의 사랑도 그만큼 커질 것입니다. 우리가 더 크게 그분을 사랑하게 되면, 고통과 즐거움 속에서 동일하게 그분을 사랑할 수 있게 되겠지요.

하나님을 찾고 그분을 사랑하는 동기가 이미 받았던 혹은 앞으로 받을 축복이 되지 않도록 합시다, 그것이 아무리 큰 복이었다 해도 말입니다. 수많은 축복을 받는 것보다 단 하나의 믿음의 행위를 하는 것이 우리를 하나님께 더욱 가까이 가게 합니다. 더욱 자주 믿음으로 그분을 구합시다. 그분은 우리 안에 계십니다. 더 이상 엉뚱한 곳에서 그분을 찾지 맙시다. 우리가 만일 그분을 홀로 버려 둔 채 그분을 즐겁게 하지 않고 심지어 욕되게 하는 하찮은 일들에 주의를 기울인다면, 그것은 비난받아 마땅한 무례가 아니겠습니까? 이런 식으로 낭비된 시간들이 언젠가 심각한 결과로 돌아올 것을 생각하면 두렵기까지 합니다.

그분께 열심을 다해 헌신합시다. 다른 모든 것은 마음에서 제하여 버립시다. 그분은 우리 마음 속에서 무엇과도 경쟁하지 않고 거하시기를 원하십니다. 그분의 은혜를 구하십시오. 우리가 그분의 임재 가운데 머물기 위해 할 수 있는 모든 것을 다 한다면, 바라고 기도하는 만큼의 변화를 경험하게 될 것입니다. 그분이 당신에게 허락하신 회복을 인해 감사를 드립니다. 나는 또한 그분이 자비를 베푸셔서 앞으로 며칠 안에 나를 그분 곁으로 데려가시기를 기도합니다. 서로를 위해 기도합시다.

〔로렌스 형제는 이 편지를 쓰고 이틀 후에 병상에 눕게 되었고, 그 주가 지나기 전에 소천하였다.〕

# 제3부

# 로렌스 형제가 제시하는 영적 원리

# 로렌스 형제가 제시하는
# 영적 원리

믿음이 있는 사람에게는 모든 것이 가능하고, 소망이 있는 사람에게는 그 수고가 덜하며, 사랑이 있는 사람에게는 훨씬 수월하기 때문에, 이 세 가지 덕목을 함께 연습하는 사람은 보다 쉽게 하나님의 뜻을 이루게 된다. 우리 삶의 목표는 할 수 있는 한 가장 완벽한 예배자가 되는 것이어야 한다--우리가 영원토록 되어지기를 소망하는 그런 예배자가 되도록.

1. 우리는 말하고 행하는 모든 일에서 항상 하나님과 그의 영광을 바라보아야 한다. 우리가 전심을 다해 노력해야 할 목표는 우리의 삶 전체를 완전한 예배의 제사로 하나님께 올려드리는 것이다. 이것이 우리가 영원토록 하기 원하는 일이다. 우리는 영적 생활에서 만나게 될 많은 어려움들을 하나님의 은혜로 극복하겠다고 굳게 결심해야 한다.

2. 우리가 영적 여행을 시작할 때, 우리는 우리 자신에 대해 마음 깊은 곳까지 성찰해야 한다. 그렇게 할 때, 우리는 우리 자신이 모든 형태의 모욕을 받아 마땅하고 그리스도인이라 불릴 자격이 없는 형편 없는 존재라는 것을 깨닫게 될 것이다. 우리는 여러 가지 어려움이 주는 고통 때문에 영혼이 황폐해지고, 감정과 행동과 기질이 불

안정해진다. 하나님은 이런 우리를 내적인 고통과 외적인 환란을 통해 겸손하게 낮추신다.

3. 우리는 하나님이 우리를 연단하시는 이유가 전적으로 우리 자신의 유익을 위해서라는 사실을 의심없이 굳게 믿어야 한다. 그분은 여러 종류의 시험을 직접 보내기도 하시고 수동적으로 허락하기도 하신다. 이 모든 것은 결국 우리의 영혼을 온전한 복종의 상태로 이끌어 준다. 이런 과정이 없는 완전한 헌신은 있을 수 없다.

4. 하나님의 완전한 거룩하심에 가까이 가면 갈수록, 우리가 얼마나 절박하게 하나님의 은혜가 필요한 존재인가를 실감하게 된다. 그분의 은혜 없이 우리는 아무 것도 할 수 없다. 이 세상과 우리의 육체, 그리고 사단의 연합군은 우리 영혼에 가차없는 공격을 퍼붓는다. 상존(常存)하시는 하나님의 능력에 겸손히 의지하지 않는다면, 이 공격은 아무리 저항하려 노력해도 우리를 끌어내릴 것이다. 인간의 본성에 비추어볼 때, 하나님을 전적으로 의지하는 것은 어려운 일이다. 그러나 그분의 은혜는 이것을 가능하게 하며 우리에게 큰 기쁨과 평화를 가져다 준다.

## 필요한 연습들

1. 그리스도인의 삶에 있어 가장 거룩하고 또 꼭 필요한 연습은 하나님의 임재 안에서 사는 법을 배우는 것이다. 우리는 그분과 동

행하는 데서 지속적인 기쁨을 찾을 수 있도록, 또한 매 순간마다 그분과 겸손하고 사랑스러운 대화를 나눌 수 있도록 훈련해야 한다. 그분의 임재 안에 거하되, 반드시 정해진 규칙이나 방법에 따라 할 필요는 없다. 유혹과 시험 속에서도, 하나님과의 관계가 메마르고 힘들어졌을 때에도, 심지어 하나님을 배반하고 죄에 빠져 있을 때에도 하나님의 임재 안에 머물기를 힘써야 한다.

2. 우리는 지속적으로 하나님의 임재 안에 머물도록 노력해야 한다. 우리는 우리가 하는 모든 작은 행동 하나 하나를 하나님과 사랑의 교제를 나누는 도구로 만들면 그렇게 할 수 있다. 이 때 우리는 순수하고 단순한 마음을 유지해야 한다.

3. 우리는 모든 일을 심사숙고한 후 실행에 옮겨야 한다. 충동적이거나 조급한 태도는 훈련되지 못한 사람의 모습이다. 우리는 조용하고 차분하게 사랑으로 행하며 하나님께서 우리 손으로 하는 일을 축복해 주시기를 기도해야 한다. 우리의 영혼과 마음을 하나님께 고정시킴으로 우리는 사단의 머리를 상하게 하고 그의 무기들을 무력화시킬 수 있다.

4. 바쁜 일과 중에서나 영적인 일을 생각할 때나 혹은 우리의 마음을 올려드리는 기도 시간 중에도, 우리는 마음 깊은 곳에서부터 우러나오는 짧은 예배를 할 수 있는 한 자주 올려드려야 한다. 우리는 짧게라도 시간을 내어 그분을 맛보고 만져야 한다. 하나님은 우리의 모든 일에 함께 하시며 우리 영혼의 중심에 거하신다. 그러므로 우리는 모든 기회를 통해 그분을 찬양하고 예배해야 하며, 그분

의 도우심을 구하고, 그가 주신 모든 복을 인해 감사를 드려야 한다.

이 땅의 바쁜 일과로부터 떨어져서 우리 영혼의 비밀한 곳에서 드리는 예배보다 하나님이 더 기쁘게 받으시는 예물이 있을까! 이렇게 함으로, 우리는 세상이 우리 마음을 지배할 때 생기는 자기애를 제거한다. 조용한 경건의 시간은 점차적으로 우리를 세상의 영향으로부터 벗어나게 한다. 우리는 짧은 시간이라도 피조물로부터 눈을 돌려 창조자의 임재 속에서 기쁨을 얻음으로 아버지 하나님께 우리의 믿음을 보인다.

그렇지만 내가 우리 주변의 세상에 대해 완전히 등을 돌리라고 주장하는 것으로 오해하지 말라. 그것은 불가능하다. 우리에게는 분별력이 필요하다. 그러나 우리 주변에 많은 그리스도인들이 세상과 너무 깊이 얽힌 나머지, 잠시도 시간을 내어 영혼 깊은 곳에서 우러나오는 예배를 드리며 그분의 임재 속에 거하는 평안함을 느끼지 못하고 있다. 약간 주제에서 벗어났지만, 이 정도의 부연 설명은 필요하다고 생각된다. 이제 다시 필수적인 연습으로 돌아가자.

5. 우리의 모든 예배 행위는 믿음에 의해 움직이고 믿음에 의해 인도되어야 한다. 우리는 하나님이 우리 영혼 가운데 사시는 것과 우리가 그분을 예배하고 사랑하고 섬기되 성령 안에서 진실하게 해야 한다는 것을 확실히 믿어야 한다. 그분은 우리의 과거와 현재의 모든 일과 그 중 가장 비밀한 일들까지 다 아시며, 어떤 것에도 의존하지 않고 독립적으로 존재하시면서 모든 피조물을 다스리시고, 무한히 완전하시고, 절대 주권을 가지셨으며, 우리의 몸과 영혼의 전

적인 복종을 요구할 자격이 있는 분이시다. 우리는 그분에게 결코 갚을 수 없는 사랑의 빚을 졌다. 우리의 모든 생각과 말, 행동을 다 그분께 드림으로 우리는 그 빚을 갚아나가야 한다.

6. 우리는 성실하게 우리의 강점과 약점들을 살펴야 한다. 우리가 가장 쉽게 죄에 빠지는 상황들이 무엇인지 인식해야 한다. 우리는 영적 씨름을 할 때, 온전한 신뢰를 가지고 하나님을 바라보아야 한다. 우리는 하나님의 임재 안에 굳게 뿌리를 내리고 겸손히 예배하면서 우리의 모든 슬픔과 실패들을 내어놓아야 한다. 사랑 안에서 우리는 그분이 우리의 필요를 채우시고 인내할 힘을 주시도록 은혜를 구해야 한다. 우리 자신의 약함 속에서 우리는 그분의 강함을 발견할 것이다.

## 신령과 진정으로 예배하는 방법

1. 신령과 진정으로 예배한다는 말은 영이신 하나님께서 마땅히 받으셔야 할 예배를 드린다는 뜻이다. 우리는 이를 위해 마음 깊은 곳에서부터 우러나오는 진실하고 겸손한 예배를 드린다. 오직 하나님만이 이 예배를 받으실 수 있다. 이런 방법으로 쉬지 않고 예배하면, 하나님의 임재가 우리 영혼과 합일을 이룬 듯 자연스러워진다. 지속적으로 훈련하면 보다 명확한 결과를 보게 될 것이다.

2. 진정으로 예배한다는 말은 진정한 하나님의 모습과 진정한 우

리 자신의 모습을 인식하는 것을 의미한다. 하나님은 무한히 완전하시고 죄가 없으신 분이며, 무한한 사랑과 예배를 받으실 자격이 있다는 것을 우리는 믿어야 한다. 다른 하나님의 속성들에 대해서도 그렇게 해야 한다. 하나님의 위대하심을 인지한 후에 그분에게 마땅한 방법으로 모든 힘과 의지를 드려 예배하지 않는다는 것은 이성적이지 않다.

3. 더 나아가 진정으로 하나님을 예배할 때, 우리는 우리가 그분의 뜻과 정 반대의 삶을 살고 있다는 사실을 고백하게 된다. 그러나 그분이 원하시면 우리를 그분의 형상에 맞게 바꾸실 수 있다는 사실 또한 인정하게 된다. 그러므로 하나님이 마땅히 받으셔야 할 사랑과 봉사와 끊임없는 예배를 단 한 순간이라도 멈추는 것은 미련한 짓이다.

## 하나님과의 연합

우리 영혼이 하나님과 연합하는 데는 세 가지 단계가 있다. 첫째는 일반적인 연합, 둘째는 사실상의 연합, 셋째는 실질적인 연합이다.

1. 일반적인 연합은 전적인 하나님의 은혜로 우리 영혼이 하나님께 나아가기 시작하는 상태이다.

2. 사실상의 혹은 기능적인 연합은 우리가 하나님께 보다 가까이 가기 위한 영적인 행위를 할 때의 영적 상태이다. 그 행위가 지속되는 동안은 하나님과 연합된 상태가 유지된다.

3. 실질적인 연합은 영혼이 긴 잠에서 깨어나 활발히 움직이는 상태로 완전한 연합이다. 이것은 강력하고, 불보다 빠르며, 햇빛보다 밝고, 의심의 구름이 방해하지 못한다. 그러나 우리의 감정은 우리를 속일 수 있다는 사실을 기억할 필요가 있다. 이 연합은 한 순간의 감정으로 "나의 하나님, 온 맘으로 당신을 사랑합니다"라고 말하는 수준이 아니라, 고요한 기쁨, 겸손과 사랑으로 그분을 예배하게 하는 훨씬 더 깊이 영적이면서도 지극히 단순한 심령의 상태이다. 이 연합에 이르게 되면, 우리 영혼은 하나님의 사랑이 너무도 실질적으로 다가와서 하나님을 예배하고 그분을 깊이 받아들일 수밖에 없는 수준으로 고양된다. 하나님의 사랑은 직접 경험해 보아야 이해할 수 있는 것이다.

4. 하나님과의 연합을 구하는 사람은 우리의 의지가 다시 새로워지기 원한다는 사실을 이해해야 한다. 또한 우리는 하나님이 인간의 이해를 초월하시는 분이라는 사실을 인정해야 한다. 그분과 온전한 연합을 이루려면, 우리는 우리를 지배하는 모든 즐거움에 대한 의지를 꺾고 그 무엇보다도 하나님을 사랑할 수 있어야 한다. 인간의 의지가 하나님을 이해할 수 있게 하는 유일한 매개체는 사랑이다. 의지가 바라는 것과 의지가 실제로 행하는 것 사이에는 큰 차이가 있다. 의지가 바라는 것은 그 사람의 한계를 벗어나지 못한다. 그러나 의지가 본래의 기능을 회복하여 사랑을 통해 흐르면, 하나님을 더 가까이 느끼는 곳에 이르게 된다.

# 하나님의 임재

1. 하나님의 임재는 우리의 영혼을 하나님께로 향했을 때 우리 안에 이루어진다. 이것은 하나님이 가까이 계심을 우리의 생각이나 지각 속에서 발견하는 것이다.

2. 나는 지각을 통해 지난 40년 동안 하나님의 임재를 실감해 왔다. 나는 하나님의 임재에 여러 별명들을 붙인다: 명확히 하나님을 이해함에서 나오는 단순한 행위, 영혼의 창을 통해 느끼는 사랑스런 눈길, 그분을 기억하며 묵상함, 기다림과 인내, 침묵의 대화, 확신, 영혼의 생명력과 평화....앞에서 언급한 하나님의 임재를 묘사하는 모든 용어들은 결국 한 가지를 의미한다. 그분의 임재는 매우 실제적이고 자연스러운 방법으로 내 영혼을 가득 채운다.

3. 불굴의 노력으로 끊임없이 생각을 하나님께 돌리는 작업을 통해 나는 바쁘게 일할 때나 한가롭게 쉴 때나 내 영혼을 세상으로부터 떼어 하나님의 임재 속으로 들어가게 하는 습관을 길렀다. 나는 이제 크게 노력하거나 의식하지 않아도 하나님의 임재 속에서 쉼을 얻고 기쁨을 누릴 수 있다. 믿음은 거의 언제나 나의 동반자이다. 이것이 내가 말하고자 하는 실질적인 하나님의 임재이다. 내가 그분의 임재 안에 있을 때, 이 세상에는 오직 그분과 나만이 존재하는 듯하고 우리는 어떤 방해도 받지 않고 대화를 나눈다. 나는 그분께 내 필요를 공급해 주시기를 요청하고, 그분은 내게 충만한 기쁨을 주신다.

4. 우리는 이런 하나님과의 친밀한 교제가 우리 영혼의 가장 깊은 곳에서 일어난다는 점을 명심해야 한다. 거기서 우리는 하나님과 크고 심오한 평화를 얻는 대화를 나눈다. 그 외의 모든 일은 우리 영혼에 있어 금방 타 없어지는 지푸라기 하나 정도의 가치밖에 없다. 이 세상의 일들은 우리 영혼이 누리는 깊은 평화를 좀처럼 방해하지 못한다.

5. 다시 하나님의 임재라는 주제로 돌아가 보자. 하나님의 온유하고 인자하신 성품은 점진적으로 우리 영혼에 그분을 향한 열정의 불을 붙인다. 하나님을 향한 이 거룩한 사랑은 참으로 감추기 힘든 것이어서 때로 우리는 우리가 느끼는 바가 그대로 밖으로 터져 나오지 않도록 제어해야 할 때도 있다.

6. 만일 우리가 이 교제의 시간 동안 실제로 하나님과 어떤 내용의 대화를 하는지 알게 되기 시작하면 굉장히 놀라게 될 것이다. 이처럼 하나님은 우리와 친교하는 것을 너무도 기뻐하셔서 우리의 영혼이 그분 안에 거하는 한 계속해서 축복을 부어 주신다. 그분은 마치 우리가 세상적인 염려에 빠지는 것을 두려워하시는 것처럼, 우리 영혼에 이 세상의 어떤 것과도 비교할 수 없는 기쁨과 영의 양식을 공급하신다. 하나님의 축복을 받기 위해 우리 영혼이 해야 할 일은 아무 것도 없다. 받을 준비만 되어 있으면 된다.

7. 하나님의 임재는 영혼의 생명이요 자양분이다. 이제 내가 설명하는 방법을 성실하게 적용하고 하나님이 은혜를 더하시면, 우리는 이것을 얻을 수 있을 것이다.

# 그분의 임재 속에 들어가는 방법

1. 첫 번째 단계는 순결하게 사는 것이다. 우리는 하나님을 불쾌하게 할 어떤 행동이나 말, 생각도 하지 않아야 한다. 때로 우리가 넘어졌을 때, 우리는 즉시 회개하고 겸손히 그분의 용서를 구해야 한다.

2. 두 번째 단계는 영혼의 초점을 하나님께 고정시킴으로 성실하게 그분의 임재를 구하는 것이다. 이것은 잠잠한 믿음과 겸손하면서도 전적인 사랑으로 해야 한다. 세상의 걱정과 염려가 들어와 우리 마음의 평화를 방해하게 하면 안 된다.

3. 우리는 모든 일을 함에 있어 하나님을 바라보기로 결심해야 한다--어떤 과제를 시작하기 전에, 바쁜 일과 속에 빠지기 전에, 그리고 한 과제가 끝났을 때에도. 이 훈련에는 큰 인내와 연습이 요구된다. 실망하지 말라! 비록 지속적으로 하나님과 친교하는 습관을 기르는 일은 힘들지만, 그것을 이루었을 때 당신은 놀라운 기쁨을 발견하게 될 것이다.

생명의 시작이며 우리 몸의 다른 모든 지체를 제어하는 심장이야말로 하나님을 예배하는 처음과 마지막이자 모든 영과 몸의 활동의 시작과 끝이 되어야 한다. 우리가 하나님만을 응시하는 습관을 길러야 하는 곳도 심장이다. 우리는 단순히 우리의 심장(마음)을 순종으로 이끄는 데 필요한 단계를 밟아야 한다. 여기에는 어떤 제약이나 계산도 있어서는 안 된다.

4. 하나님의 임재 안에서 살기로 작정한 사람들에게 나는 다음과 같은 기도를 제안하고 싶다: "나의 하나님, 나는 온전히 당신의 것입니다. 오 사랑의 하나님, 온 마음을 다해 당신을 사랑합니다. 주님, 당신이 원하시는 대로 나를 빚어 주옵소서. 당신의 형상을 닮게 하옵소서." 이 밖에도 당신의 마음 속에서 감격스럽게 형성된 표현들을 사용하여 기도하라. 당신의 마음이 세상에 대한 근심으로 돌아가지 않도록 주의하라. 오직 마음을 하나님께만 고정시켜서, 한 번 의지적으로 결정하면 계속해서 그분의 임재 안에서 살도록 하라.

5. 처음 하나님의 임재 안에 머무는 연습을 시작하는 일은 어렵다. 그러나 당신이 신실하게 수행하면, 이 훈련은 영혼의 비밀스러운 곳에서 놀라운 결과를 나타낼 것이다. 그분의 임재는 하나님의 은혜가 풍성하게 흐르도록 하며 우리 영혼을 사랑하시고 또 우리의 사랑을 받기에 합당하신 영존하는 하나님께로 인도한다. 이것은 가장 거룩하고, 실질적이며, 자유롭고, 생명력 있는 기도이며, 예배이다.

6. 하나님의 임재 안에 머물기 위해서 우리는 우리의 오감을 완전히 그분께 복종시켜야 한다는 사실을 명심하라. 어떤 영혼도 세속적인 것에서 기쁨을 느끼면서 동시에 그분의 임재가 주는 기쁨을 누릴 수 없다. 그분과 진정으로 함께 있기 위해서는, 피조물에 대한 모든 집착을 버려야 한다.

# 하나님의 임재가 주는 유익

1. 하나님의 임재 안에 거함으로 우리가 얻는 첫 번째 유익은 우리 삶의 모든 일 속에서 우리의 믿음이 살아나 힘 있게 운동한다는 것이다. 특히 우리가 곤경에 처해 있을 경우에 더욱 그러한데, 그 이유는 우리가 유혹을 받고 시험을 만났을 때 하나님 안에 있음으로 그분의 은혜를 더욱 누릴 수 있기 때문이다. 우리가 믿음으로 사는 방식에 익숙해지면, 조금만 고개를 돌려도 하나님이 가까이 계시다는 것을 실감할 수 있게 된다. 그러면 우리는 자유롭게 그분을 부를 수 있고, 그분의 응답에 대한 확신 속에 우리가 필요한 모든 것을 받을 수 있다. 우리가 믿음 안에서 자람에 따라 우리는 진정한 복을 누리는 상태에 접근한다--우리의 믿음은 계속 자라고 하나님의 임재는 눈에 보이는 것처럼 실제적이어서, 마침내 우리는 "나는 이제 하나님을 단순히 믿는 것이 아니라, 직접 눈으로 보고 경험한다"고 말할 수 있게 된다.

2. 하나님의 임재 속에 사는 것은 우리에게 소망을 주고 우리를 더욱 강건하게 한다. 우리의 소망은 우리가 가진 하나님을 아는 지식에 비례해서 자란다. 그리고 우리가 그분 안에 거할 때, 우리는 믿음으로 하나님의 숨겨진 신비들을 꿰뚫고 이 세상의 그 어떤 것이나 가장 아름다운 천사와도 비교할 수 없는 아름다움을 그분 안에서 발견하게 된다. 우리의 소망은 더욱 확고히 자라서, 우리가

이미 맛보았고 또 앞으로 맛볼 기쁨의 충만함으로 지탱되고 고양된다.

3. 우리가 영원한 것을 소망할 때, 이 세상 것을 믿는 마음이 사라지고 우리의 의지 안에 하나님의 사랑으로 힙 입은 소멸하는 불이 타오르게 된다. 하나님의 뜻에 반대되는 모든 것을 완전히 태워 버리는 그분의 사랑은 진실로 소멸하는 불이다. 우리의 의지에 하나님의 불이 타오르기 시작하면, 우리는 더 이상 그분의 임재 없이는 살 수 없게 된다. 그분의 임재는 우리 마음 속에 하나님을 보기 원하는 신성한 열심과 거룩한 사랑 그리고 격렬한 열정을 불러일으킨다. 모든 피조물은 하나님을 알고, 사랑하고, 섬기고, 예배해야 한다.

4. 하나님을 계속해서 바라보고 그분의 임재 속에 사는 훈련을 감당함으로 우리는 하나님께 대한 온전하고 깊은 지식을 얻는다. 하나님께 대한 뚜렷한 지식으로 우리는 우리의 모든 삶을 쉼 없는 사랑과 예배, 회개와 신뢰, 찬양과 기도, 봉사와 희생에 바칠 수 있다. 어떤 때는 삶 자체가 하나의 길고 중단 없는 그분과의 친교처럼 느껴질지도 모른다.

5. 나는 하나님과 이런 수준의 친밀함을 누리는 사람이 많지 않다는 사실을 알고 있다. 이것은 순전히 하나님의 은혜로 그분이 허락하신 소수의 사람들만이 누리는 것이다. 그분을 뚜렷이 본다는 것은 분명히 하나님의 특별한 선물이다. 그러나 하나님은 열심으로 그분의 임재를 구하고 그분의 선물을 바라는 사람들을 거절하지

않으신다. 그리고 설사 그분이 당신의 은혜의 완전한 분량을 허락하지 않으신다 해도, 실망할 필요는 없다. 그분의 임재를 지속적으로 구하는 사람은 뚜렷한 하나님에 대한 비전을 누리기에 충분한 은혜와 이 땅의 무엇과도 비교할 수 없는 기쁨을 누리게 될 것이기 때문이다.

# 제4부

# 로렌스 형제의 생애

조셉 드 뷰포트

# 로렌스 형제의 생애

하나님의 은혜의 능력은 지금도 초대 교회 때만큼이나 크다. 하나님은 세상의 마지막 날까지 자신의 이름을 위해 성자들을 세우시고 지키신다. 이 성자들은 하나님의 위엄과 영광에 합당한 존경을 그분께 올려드린다. 이들은 후세의 그리스도인들이 따라야 할 거룩한 모범이다.

부활의 로렌스 형제라고 불린 갈멜파의 한 평신도 수도사가 바로 그런 사람이었다. 하나님은 이 마지막 때에 그를 이 땅에 보내셔서 모든 경건의 덕목들을 충실히 연습한 모본으로 세우시고 영광받으셨다.

나는 로렌스 형제의 삶 중 내가 직접 보고 들은 것들을 기록하고자 한다. 그는 2년 전에 파리에 있는 한 갈멜파 수도원에서 임종했다. 그의 삶을 기억해 보는 것은 여전히 향기로운 축복이다.

로렌스 형제는 죄인들 사이에서 고귀한 신분이 되는 것보다 하나님의 집에서 허드렛일을 하는 사람이 되는 것을 선택했다. 그는 세상의 헛된 명예와 쾌락보다 예수님의 멍에를 메는 일을 자랑스러워했다. 그는 죽기 전에 내게 자신의 생각들을 정리해서 이 세상의 사슬로부터 놓임을 받은 지체들에게 보급해 주기를 부탁했고, 나는 흔쾌히 동의했다. 이미 나는 그의 편지 몇 통을 내가 쓴 송덕문(頌德文)과 함께 출판한 바가 있다. 하지만 내 생각에 우리 모두는 이 성자가 남긴 것들을 보존하여 후세에 전달해야 할 책임이 있다. 나는 이 형제의 삶을 하나님이 원하시는 헌신의 모범으로 세워 전하는 일이야말로 이 사회를 위해 내가 할 수 있는 최상의 봉사라고 확신한다. 모든 사람들이 자신이 왜곡해서 만들어낸 것을 선(善)이라고 주장하고 또 그것을 이루기 위해 온갖 뒤틀린 방법을 쓰고 있는 이 시대를 볼 때 더욱 그러하다.

이 글에서 독자는 로렌스 형제 자신이 직접 한 말들을 많이 만날 것이다. 나는 그와 몇 차례에 걸쳐 대화했고, 집으로 돌아오자마자 바로 그것을 글로 옮겼다. 순수한 영성에서 우러나오는 그 자신의 말보다 이 충성스러운 하나님의 종을 더 잘 설명할 수 있는 길은 없는 듯하다.

로렌스 형제는 완전히 하나님께 헌신된 사람이었지만, 그는 또한 지극히 인간적인 사람이었다. 그에게는 만나는 누구와도 쉽게 마음을 터놓고 친구가 될 수 있는 열린 마음이 있었다. 일단 어떤 사람을 알게 되면, 형제는 자유로운 분위기 속에서 자신이 가지고 있는 선한 성품들을 보여 주었다. 그의 어법은 매우 단순했으나, 분별력 있고, 핵심을 찌르는 것이었다. 그는 다소 투박한 외모 속에, 일반적으로 그의 사회적 위치에서는 나올 수 없는 뛰어난 지각력을 가지고 있었다. 그의 통찰력은 누구도 예상하지 못할 만큼 뛰어난 것이었다.

그는 많은 중요한 일들을 지성적으로 잘 감당했고, 모든 상황 속에서 신중하고 지혜로운 조언을 할 수 있었다. 이러한 것들이 그에 대한 일반적인 평가였다.

나는 앞서 적었던 그와 가진 네 편의 대화 속에 그의 심령의 상태에 관해 서술했었다. 그는 하나님의 능력과 지혜에 대한 깊은 깨달음과 함께 회심했다. 그 후로 그는 하나님을 향한 사랑 외에 다른 모든 생각들을 그의 마음으로부터 몰아내기 위해 최선을 다했다.

영적 성장을 위한 그의 긴 여행이 위와 같은 회심의 경험에서 시작했음을 볼 때, 우리는 여기서 잠깐 그가 초기에 했던 일들을 살펴볼 필요가 있다. 그는 오직 믿음으로만 그의 앞길을 밝히기를 원했다. 그는 믿음으로 하나님을 알게 되었을 뿐만 아니라 오직 믿음으로만 하나님과 그의 방법들을 깨닫기 원했다. 그는 종종 이렇게 말했다: 그가 듣고, 읽고 또한 직접 적었던 많은 것들이 하나님과 예수 그리스도의 말할 수 없는 풍성함에 대해 그의 믿음이 가르쳐 준 것들과 비교할 때 너무도 우둔하고 무미건조하다고 말이다. 로렌스 형제는 말한다: "오직 그분만이 자신의 진정한 성품을 드러내실 수 있습니다. 우리는 지성과 논리와 과학으로 그분을 찾으려고 합니다. 이것들을 통해서 볼 수 있는 것은 질 낮은 복사본 뿐인데, 우리는 여기에 매달려 가장 멋있는 원본이신 그분을 보지 못합니다. 하나님은 우리 영혼의 가장 깊은 곳에서 자신을 계시하십니다. 그러나 우리는 그를 발견할 수 있는 그 곳에서 그를 찾으려 하지 않기 때문에 실패합니다. 우리는 하찮은 일들 때문에 그분으로부터 떠납니다. 이것은 영존하시는 우리의 왕이신 그분과의 친교를 경멸하는 것입니다."

"책을 읽어서 알게 된 하나의 이론이나 일시적인 감정으로 하나님을 아는 것은 충분하지 않습니다. 우리의 믿음은 살아 움직여야 합니다. 우리는 믿음으로 모든 일시적인 감정들을 뛰어넘어 하나님 아버지와 예수 그리스도를, 그의 모든 신적 완전하심을 기리면서 예배해야 합니다. 이 믿음의 길이 바로 교회의 정신이며, 우리의 영적 여정을 지탱해 주기에 충분한 양분이 됩니다.”

로렌스 형제는 영혼 속에만 하나님이 거하신다고 생각한 것이 아니라 그의 삶 모든 활동 속에서 하나님을 예배하고 그의 임재를 구했다.

그는 겨울에 잎이 다 떨어진 나무 한 그루를 보며 봄이 되면 나타날 꽃과 열매를 생각했다고 했다. 이 경험은 그에게 하나님에 대한 선명한 비전을 주었고, 그것은 그 후 40년 동안 생생하게 그와 함께 있었다. 평생 동안 그는 세상 속의 눈에 보이는 실례들을 사용하여 영원하고 눈에 보이지 않는 진리들을 찾기에 힘썼다.

로렌스 형제는 다른 어떤 책보다 성경 읽는 것을 좋아했다. 그는 예수 그리스도의 말씀을 읽는 것이 그의 믿음을 보다 단순하고 순수하게 자라게 한다는 사실을 발견했다. 그는 처음부터 보다 깊은 하나님의 임재를 추구하기로 결심했었다. 그는 계속해서 하나님을 영화롭게 했고 모든 일에 있어 그의 사랑을 고백했다. 그는 어떤 일을 시작하기 전에 하나님의 도우심을 구했고, 마친 후에는 감사를 드렸다. 그는 자기의 잘못과 주의 태만으로 비롯된 실수들을 솔직하게 고백하며 하나님께 용서를 구했다. 변명을 하거나 정당화하려는 시도는 하지 않았으며, 하나님께서 용서해 주실 것을 굳게 믿었다. 이러한 하나님과의 교제는 그의 모든 일상의 행위 속에서 계속되었고, 그가 정신을 집중하여 주어진 일들을 더 쉽게 감당하는 데 큰 도움을 주었다.

하나님의 임재를 연습하는 것이 초기에는 매우 어려웠었다고 그는 고백한다. 처음에 그의 마음은 쉽게 산만해지곤 했지만, 그는 실패를 하나님께 겸손히 고백하고 이내 다시 그분께 돌아갔다. 때로는 훈련되지 않은 수많은 생각들이 그의 마음을 점령해서 하나님의 자리를 난폭하게 빼앗아버리기도 했다. 이런 일이 일어나면, 그는 평정을 유지하면서 단순하지만 신속하게 침입한 생각들을 제거하고 하나님과의 교제의 자리로 돌아갔다. 그의 신실함과 인내는 결국 영혼 깊은 곳에서 그가 끊어지지 않고 훼방받지 않는 하나님의 임재를 누릴 수 있게 해 주었다. 그의 수많은 믿음의 행위들은 마침내 뚜렷한 비전과 사랑 그리고 끊이지 않는 기쁨으로 열매를 맺었다.

한 번은 그가 말했다: "나는 가장 분주한 시간이나 조용한 기도 시간이나 본질적으로 다르지 않다고 봅니다. 그릇 부딪치는 소리와 소음이 가득하고 많은 사람들이 동시에 내게 무엇인가를 요구하는 부엌에서도, 나는 정해진 시간에 기도할 때처럼 평화롭게 하나님의 임재를 유지합니다. 때로 나는 내 믿음이 너무 뚜렷해져서 내 존재가 형체도 없이 사라져버린 것처럼 느낀 적도 있습니다. 우리는 영적으로 구름을 걷어내고 점점 더 뚜렷이 보기 위한 과정 속에 있다고 생각합니다. 그런데 어느 순간에 가서는 구름도 경계도 없이 뚜렷이 볼 때가 올 것입니다--바로 내세에 찾아올 영광스런 날입니다." 우리의 선한 형제는 신실한 믿음으로 다른 모든 생각을 버리고 오직 하나님과 온전한 교제를 누리는 수준에 이르렀다. 이것이 얼마나 자연스러운 습관으로 자리 잡았든지, 그가 하나님으로부터 멀어져 다른 문제들에 빠지는 것은 불가능한 일이 되었다.

대화 중에 그는 하나님의 임재가 지식보다는 마음과 사랑을 통해 얻어진다는 점을 지적했다: "하나님의 질서 속에 생각은 큰 가치를 지니지 못하지만, 사랑은 그 자체로 전부입니다. 반드시 위대한 일을 이루어야 하는 것은 아닙니다. 그것보다는 하나님을 사랑하는 마음으로 모든 작은 일을 감당하는 것이 중요합니다. 나는 하나님을 사랑하는 마음으로 프라이팬 속의 달걀을 뒤집습니다. 그리고 그것이 끝나고 더 이상 할 일이 없으면, 나는 내게 일할 수 있는 은혜를 주신 그분께 내 전부를 바치는 예배를 드립니다. 그러면 나는 어떤 왕보다도 행복해집니다. 나는 하나님을 사랑하는 마음으로라면 땅에서 지푸라기를 하나 줍는 일에서도 만족을 느낍니다."

"우리는 하나님을 사랑하는 방법을 배우기 위해 여러 곳을 다닙니다. 하나님의 임재를 느끼기 위한 방법만을 찾아다니는 것은 우리 마음을 어지럽게 하고 근심스럽게만 할 뿐 별 유익이 없습니다. 하나님의 임재는 모든 행동을 할 때 단순히 하나님의 사랑에 집중하는 것으로 훨씬 더 쉽게 얻어질 수 있습니다. 우리가 모든 일상 생활을 순결하고 거룩한 사랑의 제사로 올려드림으로 우리는 그분의 임재를 느끼는 법을 개발하고 그분과 더욱 친밀한 교제를 나누게 됩니다. 우리는 특별한 공부를 통해 '조명'을 받아 '훌륭한' 방법을 터득하는 것이 아닙니다. 우리는 단순히 있는 모습 그대로 나와 모든 것을 사랑으로 그분께 드려야 합니다. 이것이 우리 마음의 유일한 초점이어야 합니다."

그렇지만 우리는 단지 우리의 행위를 드리고 그분의 도우심을 구하여 사랑의 행동을 하는 것으로 하나님을 사랑하는 일을 다했다고 생각하면 안 된다. 로렌스 형제는 처음 믿음을 가지면서부터 하나님의 뜻을 거스르는 어떤 일도 하지 않기로 결심하고 하나님의 사랑을 위해 모든 육적인 욕구로부터 돌아섰기 때문에 그렇게 높은 수준의 사랑에 이를 수 있었던 것이다.

"처음 수도원에 들어와 내 삶을 완전히 하나님께 맡길 때부터, 나는 내가 가진 도덕적인 기준이나 구원의 문제에 대해 관심을 두지 않았습니다. 수년에 걸쳐 하나님께 가까이 나아가고 그분의 임재 안에서 살면서 깨달은 결론은 이 세상에 하나님과 나 이외에 아무도 존재하지 않는 것처럼 사는 것이 내 인생의 목적이라는 사실이었습니다."

그런 맥락에서, 로렌스 형제는 하나님을 위해 모든 것을 버리고 그분을 사랑하는 마음으로 모든 일을 하기로 결심했다. 그는 자기 자신에 대해 완전히 잊어버렸고, 더 이상 천국과 지옥의 문제를 고민하지도 않았으며, 과거의 죄 때문에 괴로워하지도 않았다. 매일 반복되는 것 같은 죄에 대해서도 하나님께 고백하고 용서를 구한 후에는 더 이상 자책하지 않았다. 한 번 죄를 고백한 후에는 그것에 다시 마음을 쓰지 않았다. 오히려 자신을 더 하나님께 드리고 그분의 평화 속으로 들어갔다. 거기야말로 그가 살든지 죽든지, 지금 이 순간이나 또 영원히 거하고 싶은 곳이었다.

"우리는 오직 하나님 한 분만을 위해 지음을 받았습니다. 그러기 때문에 그분은 우리가 모든 것을--심지어 우리 자신까지도--그분을 위해 버리는 것을 나쁘게 보시지 않습니다. 하나님의 임재 속에서 우리는 어떤 자가 진단보다도 명확하게 우리 자신의 부족한 점을 볼 수 있습니다. 자가 진단은 언제나 자기애로 가득 차 있고, 우리 자신의 완벽성을 추구하도록 만들며, 우리의 눈과 마음을 하나님께 올리는 대신 자신에게 집중하게 만듭니다."

로렌스 형제는 종종 사 년 동안 겪었던 극심한 시험에 대해서 말해 주었다. 이 때 그는 자신이 버림받았다는 생각에 짓눌려 있었는데, 누구도 그렇지 않다고 자신을 설득할 수 없었다고 했다. 그러나 그는 그런 중에도 처음 결심했던 것에서 흔들리지 않았다. 불확실한 미래나 현재의 고난을 걱정하기보다 그는 다음과 같은 생각으로 자신을 위로했다: "내게 앞으로 어떤 일이 일어난다 해도, 나는 내 남은 생애 동안 오직 하나님의 사랑을 위해 모든 일을 하며 살 것이다." 로렌스 형제는 자아를 버림으로 하나님 안에 있는 진리를 찾았던 것이다.

그는 그의 영혼 깊은 곳에서 하나님의 뜻을 사랑하는 마음을 발견했다고 했다. 그리고 이 마음은 자기 자신을 사랑하는 마음을 대체해 버렸다고 했다. 우리 삶의 모든 사건들 속에서 그는 하나님의 구체적인 계획을 발견하기 시작했다. 그는 완전한 평화를 누렸고, 모든 일에서 그의 생각은 하나님 안에 있었다. 그는 세상에서 벌어지는 죄악상에 대해 조금도 놀라지 않았다. 그는 자기가 알고 있는 인간의 죄된 본성에 비추어볼 때 더 많은 악이 만연하지 않는 것이 오히려 놀랍다고 했다. 그는 자기의 마음을 하나님께 올려드리고 죄인들을 위해 기도는 하지만, 하나님께서 상황을 호전시킬 능력이 있음에도 불구하고 그렇게 하시지 않는 데는 특별한 계획이 있을 것이므로, 그것 때문에 자기가 누리는 하나님의 평화가 깨어지지는 않는다고 했다.

나는 언젠가 그에게 아무런 사전 통고도 없이 그가 매우 열심히 추진해 온 어떤 일이 상급자들의 결정 때문에 좌절되었다는 말을 전한 적이 있다. 그는 내 말을 다 듣고, 아무렇지도 않는 듯 이렇게 말했다. "그들의 결정에 어떤 이유가 있을 것으로 믿습니다. 이제 우리의 의무는 그 결정에 순종하고 더 이상 왈가왈부하지 않는 것입니다." 그리고 그는 정말 그렇게 했다. 그 문제에 대해 말할 수 있는 기회가 여러 번 있었음에도 불구하고, 그는 결코 입을 열지 않았다.

한번은 로렌스 형제가 매우 아픈 적이 있었다. 수도원에서 높은 직책에 있는 한 사람이 그를 찾아왔다. 그는 우리의 선한 형제에게 만일 하나님께서 그에게 선택권을 주신다면, 조금 더 이 땅에 살면서 성화를 이루기를 원하는지 아니면 지금 당장 죽어서 천국에 가기를 원하는지 물었다. 조금도 주저하지 않고 그는 그 결정을 하나님께 맡길 것이고, 하나님께서 그분의 완전하신 뜻을 드러내실 때까지 평안 가운데 기다리겠다고 대답했다.

이와 같은 태도는 그가 완전한 자유를 누리게 했으며 이 세상의 어떤 특정한 일도 염려하지 않을 수 있게 했다. 그는 어떤 사람이나 나라 혹은 문화에 대해서도 편견을 가지고 대하지 않았다. 그는 정반대의 기질을 가진 사람으로부터도 동일한 사랑을 받았고, 그 또한 인간성이나 종교에 상관없이 모든 사람에게 호의를 베풀었다. 천국 시민으로서 그는 이 땅의 어떤 굴레에도 매이지 않았다. 그의 견해들은 더 이상 자기 시대에만 해당되는 것이 아니었다. 오랫동안 하나님을 묵상하며 영원하신 그분의 임재를 구하면서, 그의 마음은 영원히 새로워졌다.

모든 것이 그에게는 동일한 가치를 부여했다. 모든 상황이 그랬고 모든 직무가 그랬다. 그는 어디에서나 하나님을 발견했다. 수도원의 여러 형제들과 함께 기도할 때도 그는 조용한 곳을 찾을 필요를 느끼지 않았다. 그는 일상의 직무를 수행하면서도 마치 사막에 혼자 있는 것처럼 고요한 가운데 하나님을 사랑하고 예배했다.

그가 하나님께 나아가고 그분의 임재 가운데 살기 위해 적용한 유일한 방법은 모든 일을 그분을 향한 사랑으로 하는 것이었다. 그가 하나님을 영화롭게 하기로 작정한 이상, 그가 어떤 종류의 일을 하는지는 상관이 없었다. 그는 하나님께만 집중했지 어떤 특정한 일에 가치를 두지 않았다. 그는 어떤 일이 그의 천성에 잘 안 맞을수록, 그의 의지를 하나님께 맞추고 희생하는 데 드는 사랑이 오히려 커지는 것을 알고 있었다. 일의 경중(輕重)은 그가 하나님께 드리는 예배의 가치에 아무 영향을 주지 않았다. 하나님은 일의 크기가 아니라 그것을 수행하는 데 드린 사랑을 보는 분이시기 때문이다.

또 하나 로렌스 형제의 성품 중 괄목할 만한 것은 그의 마음이 놀라우리 만큼 견고하여 요동이 없다는 점이다. 이 견고함은 다른 말로 담대함이라고도 할 수 있을 것이다. 그에게 있어 이 세상은 두려움을 주는 존재도, 소망을 주는 존재도 아니었다. 그는 아무 것도 경이로워하지 않았고, 아무 것에도 놀라지 않았으며, 아무 것도 두려워하지 않았다. 이 놀라운 안정성은 그의 다른 경건한 성품들과 같은 곳에서 기인한다; 그는 마음 깊은 곳에서 하나님을 앙망함으로 모든 주권과 공의와 자비로 다스리시는 그의 창조주 하나님의 모습을 제대로 볼 수 있었다. 하나님에 대한 바른 이해는 그에게 하나님은 결코 그를 속이지 않으시고 오직 그에게 유익한 것들만 보내신다는 사실을 믿을 수 있게 했다. 그는 결코 하나님을 근심시키지 않겠다고 결심했고, 모든 것을 그분을 위한 사랑으로 견디기로 작정하였다.

어느 날 나는 그에게 그의 영적 인도자가 누군지 물었다. 그는 영적 인도자가 없다고 했다. 수도사로서 그에게 주어진 규칙과 의무들이 그의 외적인 삶을 지배했고, 복음의 메시지가 온 마음을 다해 하나님을 사랑하는 내적인 삶을 지배했기 때문에 그에게는 영적 인도자가 필요하지 않다고 했다. 내가 보기에도 그런 것 같았다. 그러나 그는 자신의 죄를 고백할 대상은 필요하다고 했다.

자신의 감정이나 기질 이외에 어떤 영적 지도도 받지 않는 사람, 다시 말해 자신이 헌신되어 있다는 '느낌'이 있는지 없는지를 판단의 기준으로 삼는 사람은 결코 영적 안정감이나 견고한 기초를 가질 수 없다. 우리의 기질과 감정은 항상 변한다. 어떤 때는 우리 자신의 태만함 때문에 변하고, 다른 때는 하나님의 인도하심에 따라 변한다. 그분은 우리의 필요에 따라 그분의 선물과 우리를 다루시는 방법을 다양하게 하신다.

반면에 우리의 형제는 결코 변하지 않는 믿음의 길에 굳게 서 있었다. 그는 동요하지 않았고 항상 일정함을 유지했다. 그는 언제나 하나님이 허락하신 장소에서 그분이 주신 직무를 잘 수행하는 것에 초점을 맞추었다. 그는 일 속에서 하나님께 순종하고 모든 영광과 명예를 그분께 드릴 뿐 일 자체에 가치를 부여하지는 않았다. 자신의 기질과 감정을 살펴보거나 그가 걸어온 길을 시험하는 대신, 그는 하나님께만 눈을 고정시켰다. 그는 '하나님의 임재'라는 결승선을 향해, 온유와 의와 사랑을 매일의 삶 속에 실현함으로, "경주"했다. 그는 그가 했던 특정한 일에 신경을 쓰기보다 하나님을 향한 사랑으로 그의 직무를 감당하는데 힘을 기울였다.

이와 같은 견고한 기초 위에 서 있었던 로렌스 형제는 자신의 헌신을 무모한 사상이나 경험에 의존하지 않았다. 그는 가장 순수한 영적 은사를 받았다 할지라도, 하나님 자신보다 그 선물에서 더 큰 만족을 얻는다면 이는 영혼의 연약함의 증거가 될 수 있다고 생각했다. 수도 생활의 아주 초창기를 제외하고는 이러한 경험들이 그의 삶에서 발견되지는 않는다--최소한 그가 가까운 친구들에게 이런 것들에 대해 말한 적이 없다.

　평생 동안 그는 공인된 성자들의 발자취를 따라 확실한 믿음의 길을 걸었다. 그는 결코 상도(常道)를 벗어나지 않았고, 많은 믿음의 선배들이 먼저 다져 놓았던 성화의 길을 따라 걸었으며, 초대 교회 때부터 선포되고 사용된 방법으로 훈련했다. 그는 다른 어떤 것도 신뢰하지 않았다. 그는 단순한 믿음 생활에서 얻은 성령의 빛과 뛰어난 사리 분별력으로 많은 이들의 영적 항해를 난파시켰던 암초들을 피해갈 수 있었다. 그것들은 바로 지나친 호기심과 망상, 그리고 진기한 것을 좋아하는 마음과 인본주의적인 가르침이었다.

　이렇게 잘 준비된 삶을 살았기 때문인지, 로렌스 형제는 죽음을 맞을 때도 비탄에 잠기지 않았다. 그는 평생 모든 것을 잘 견디는 사람이었고, 삶을 마감할 때에 이르러서 그의 인내심은 더욱 커졌다. 그의 몸이 고통과 질병에 시달릴 때도 그는 조금도 염려하지 않았다. 그의 얼굴은 기쁨으로 충만했고, 그의 음성 또한 너무도 힘차고 명랑해서 그를 문병 온 사람들이 정말 아픈지를 되물을 정도였다.

　"용서하십시오," 그가 대답했다. "병이 든 건 사실입니다. 내 옆구리의 고통이 나를 괴롭게 하지만, 내 영은 행복하고 만족스럽습니다." 그러면 그들은 다시 물었다. "만일 하나님이 십 년 동안 더 고통을 연장하시면 어떻게 하지요?" 망설임 없이 그는 조용히 대답했다. "하나님의 뜻이라면 십 년이 아니라 심판의 날이 올 때까지라도 고통 받아야지요. 그리고 바라기는 하나님께서 내가 이것을 기쁘게 감당할 수 있도록 계속해서 그분의 은혜로 함께 하셨으면 좋겠습니다."

　임종 시각이 가까워오자 그는 자주 "오, 믿음, 믿음!"이라고 외쳤다. 이것은 어떤 긴 연설문보다 그의 삶을 잘 요약하는 표현이었다. 그는 하나님을 예배하는 것을 쉬지 않았다. 그는 동료 수도사에게 말하기를 하나님의 임재를 경험하기 위한 믿음이 이제는 별로 필요하지 않은 것 같다고 했다 - 그의 믿음은 너무도 강해져서 그가 하나님을 보고 경험한 것들이 그의 믿음을 삼켜버렸다. 그는 사망의 골짜기에 다가서며 더욱 담대해졌다. 그는 한 친구에게 죽음이나 지옥, 하나님의 심판이나 사단의 공격, 그 무엇도 두렵지 않다고 말했다.

그의 말에는 언제나 위로와 은혜가 가득해서 수도원의 많은 형제들이 병상으로 그를 찾아와 대화를 나누었다. 그 중 한 사람은, 누구도 자기가 하나님의 사랑을 받을 자격이 있는지 없는지 확신할 수 없는 상황에서 살아 계신 하나님의 손에 떨어진다는 것은 너무나 무서운 일이라고 말했다. "나도 동의합니다." 로렌스 형제가 입을 열었다. "그렇지만 만일 내가 자격이 있다면 나는 더욱 그 사실을 알고 싶지 않을 것입니다. 왜냐하면 내 교만이 부풀어올라 나를 삼킬 것이기 때문입니다. 하나님 앞에서 우리 자신을 완전히, 그리고 끊임없이, 버리는 것 외에 우리가 할 수 있는 일은 없습니다."

마지막 성찬을 받은 후, 한 형제가 그에게 마음이 평안한지, 그리고 무엇이 지금 그의 마음을 채우고 있는지 물었다. 그가 대답했다. "나는 지금 내가 영원히 하게 될 일을 하고 있습니다. 나는 지금 그분을 송축하고, 찬양하며, 예배하고 있습니다. 나는 지금 그분께 내 마음에 가득한 사랑을 드리고 있습니다. 사랑하는 형제들이여, 우리의 오직 할 일은 어떤 생각이나 계산도 없이 그분을 예배하고 사랑하는 것입니다."

이것이 그의 마지막 말이었다. 그는 다음 날인 1691년 2월 12일 오전 9시에 소천하였다. 그는 어떤 고통이나 몸부림도 없이 지난 사십 년 동안 그의 삶을 특징지었던 평온함을 유지하며 눈을 감았다. 우리의 사랑하는 형제는 진정으로 하나님의 임재 속에서 살았고, 하나님의 임재 속에서 죽었다.

# 제5부

# 하나님의 임재 연습을 위한 묵상

스티브 트락셀

# 포도나무를 향한 역주(力走)

바울은 그리스도인의 삶의 근본적인 기반이 무엇인지 잘 설명해 준다. "너희가 그 은혜를 인하여 믿음으로 말미암아 구원을 얻었나니"(엡 2:8). 그렇지만 동시에 바울은 죄에 관해서도 높은 기준을 설정한다. "그러므로 너희는 죄로 너희 죽을 몸에 왕 노릇 하지 못하게 하여 몸의 사욕을 순종치 말고"(롬 6:12). 거룩한 행실로 구원을 얻는 것은 아니지만, 우리는 분명히 거룩한 삶을 살도록 부름받았다.

비록 실패를 거듭하며 하나님의 기준에 이르지 못한다 할지라도, 여전히 우리는 거룩하기 위해 힘써야 한다. 이런 의미에서 바울은 구원받은 다음의 우리 인생을 어떤 목표를 향해 달려가는 경주에 비유한다. "오직 한 일, 즉 뒤에 있는 것은 잊어버리고 앞에 있는 것을 잡으려고 푯대를 향하여 그리스도 예수 안에서 하나님이 위에서 부르신 부름의 상을 위하여 좇아가노라"(빌 3:13-14).

잘 훈련된 육상 선수가 결승선을 향해 힘껏 달려가는 모습을 상상해 보라. 이것은 믿음의 경주를 하는 우리에게 효과적인 동기 부여가 될 것이다. 그러나 만일 우리가 최선을 다해 달리지만 잘못된 목표를 향해 가거나 올바른 목표를 정하였더라도 우리 자신의 힘을 의지할 때에는 이내 쉽게 피로해지고 실망하게 된다. 그렇다. 우리는 모두 경주에 참가한 선수들이다. 그리고 우리는 이 세상이 경주의 규칙을 세우거나 결승선을 정하도록 내버려 두어서는 안 된다. 우리의 경주는 이 세상이 경험한 적도 그리고 이해할 수도 없는 종류의 것이기 때문이다.

이천 년 전, 예수님은 우리가 힘써 이르러야 할 목표가 무엇인지를 분명하게 제시해 놓으셨다. "너희가 과실을 많이 맺으면 내 아버지께서 영광을 받으실 것이요, 너희가 내 제자가 되리라"(요 15:8). 또한 그분은 우리가 어떻게 하면 열매를 많이 맺어 그 목표에 도달할 수 있는지도 알려 주셨다.

### 요한복음 15:4-5

내 안에 거하라. 나도 너희 안에 거하리라. 가지가 포도나무에 붙어 있지 아니하면 절로 과실을 맺을 수 없음 같이 너희도 내 안에 있지 아니하면 그러하리라. 나는 포도나무요 너희는 가지니, 저가 내 안에 내가 저 안에 있으면 이 사람은 과실을 많이 맺나니, 나를 떠나서는 너희가 아무 것도 할 수 없음이라.

그리스도인으로서 우리가 열매를 맺는 방법은 모든 일과 속에서 하나님께 영광과 존귀를 올려드리는 것이다. 거룩함을 이루는 삶도 그 중 하나이다. 그러나 가지가 나무를 떠나서는 아무 열매도 맺을 수 없듯이, 우리가 포도나무이신 주님께 친밀하게 붙어 있지 않고서는 어떠한 열매도 기대할 수 없다. 즉, 우리 스스로는 거룩함 혹은 그 외에 하나님을 기쁘시게 하는 다른 덕목들을 생산해낼 수 없다. 이와는 반대로, 가지가 포도나무에 붙어서 수액을 통해 그 생명을 공급받는다면, 많은 열매를 맺게 될 것이다.

우리 모두 포도나무이신 예수 그리스도께 단단히 붙어 있자. 우리의 눈과 생각을 그분께만 고정시키고, 우리 몸에 오직 그분의 생명만이 흘러들어오게 하자. 매일매일 하나님의 임재 안에서 살며 그분께 올려드리는 영광과 존귀의 열매를 주렁주렁 맺자. 계속해서 힘써 달리자. 포도나무를 향해 힘써 달려가자!

# 믿음의 산

아브라함의 나이가 여든 정도 되었을 때, 하나님은 그에게 놀라운 약속을 하신다. "여호와의 말씀이 그에게 임하여 가라사대 그 사람은 너의 후사가 아니라 네 몸에서 날 자가 네 후사가 되리라 하시고, 그를 이끌고 밖으로 나가 가라사대 하늘을 우러러 뭇 별을 셀 수 있나 보라. 또 그에게 이르시되 네 자손이 이와 같으리라" (창 15:4-5).

이 약속이 성취될 것 같은 어떠한 조짐도 없이 많은 세월이 흘렀다. 마침내 아브라함이 백 세, 그의 아내 사라가 구십 세가 되었을 때, 하나님은 그들에게 이삭이라는 아들을 주심으로 그분의 약속을 이루신다. 그러나 이삭이 자라서 소년이 되자, 하나님은 아브라함에게 그의 사랑하는 아들을 제물로 바치라고 말씀하신다.

### 창세기 22:2

여호와께서 가라사대 네 아들 네 사랑하는 독자 이삭을 데리고 모리아 땅으로 가서, 내가 네게 지시하는 한 산 거기서 그를 번제로 드리라.

아브라함은 하나님의 약속과 그분의 명령 사이에 존재하는 분명한 모순에 대해 질문조차 하지 않았다. 그는 단순히 순종했다. 그는 이삭을 데리고 산에 올라가 나무 더미 위에 아들을 올려놓고 "칼을 잡고 그 아들을 잡으려" (창 22:10) 했다. 아브라함은 자신의 외아

들뿐만 아니라, 하나님의 약속이 성취되기를 기다리던 자신의 소망까지도 번제단에 올려드렸던 것이다.

상상할 수 없이 힘든 시련 속에서도 아브라함은 결코 불안해하거나 염려하지 않았다. 그의 믿음은 조금도 흔들리지 않았다.

아브라함이 이삭을 막 죽이려던 순간에 하나님은 그를 제지하시고 대체할 제물을 주셨다. "아브라함이 눈을 들어 살펴본즉 한 수양이 뒤에 있는데, 뿔이 수풀에 걸렸는지라. 아브라함이 가서 그 수양을 가져다가 아들을 대신하여 번제로 드렸더라"(창 22:13). 그렇다면 왜 하나님은 아브라함에게 이러한 믿음의 시험을 주셨을까?

먼저 이 시험이 하나님께서 아브라함의 믿음을 확인할 필요가 있어서 주신 것이 아니라는 사실은 분명해 보인다. 그분은 아브라함의 믿음에 대해서 이미 알고 계셨을 것이다. 그렇다면 아브라함으로 하여금 자신의 믿음이 어떠한지를 보게 하시기 위해서였을까? 아브라함 역시 그의 믿음에 대해 이미 확신을 가지고 있는 것으로 보아 이것도 답이 아닌 것 같다. 하나님을 위해서도 아니고 아브라함을 위해서도 아니라면, 도대체 누구를 위해서였을까? 하나님이 아브라함의 믿음을 시험대에 올리신 유일한 이유는 바로 우리에게 부름받은 자로서 진정한 믿음의 모습을 보여 주기 위해서가 아니었을까?

하나님은 우리가 그분의 강력한 임재를 경험함으로 그분 한 분만으로 만족할 수 있는 믿음의 삶을 살도록 부르셨다. 만일 우리가 아직도 세상의 무엇인가를 붙잡은 채 도저히 포기할 수 없다고 느낀다면, 그것은 우리와 하나님 사이에 여전히 존재하는 거리를 반증하는 것이고, 우리는 계속해서 하나님이 주시고자 하는 최선을 놓치게 된다. 진정한 하나님의 축복은 우리 자신을 어떤 주저함도 없이, 완전히 그분께 드릴 때에만 누릴 수 있는 것이다. 그분께 온 마음을 드리고 그분의 영광과 존귀를 위해 모든 것을 희생할 각오를 하자. 굳은 결의를 가지고, 믿음의 산을 오르자.

# 새롭게 되기로 결심함

올해는 어떤 변화를 결심했는가? 새해를 맞을 때마다 우리는 여러 가지 새로운 결심을 하곤 한다. 운동하기, 소식(小食)하기, 나쁜 습관 끊기, 좋은 습관 기르기 등 우리는 "자기 개선"을 위해 많은 노력을 기울인다.

우리는 스스로를 들여다보고 보다 나은 자아를 만들기 위한 변화를 강구함에 있어서, 영원한 가치를 가지는 변화에 초점을 맞출 필요가 있다. 바리새인들의 위선을 꾸짖으시며 하신 예수님의 말씀이다. "화 있을진저! 외식하는 서기관들과 바리새인들이여, 잔과 대접의 겉은 깨끗이 하되, 그 안에는 탐욕과 방탕으로 가득하게 하는도다. 소경된 바리새인아, 너는 먼저 안을 깨끗이 하라. 그리하면 겉도 깨끗하리라"(마 23:25-26).

우리가 우리의 마음 상태--하나님 아버지와의 관계에서 누리는 친밀감 그리고 그분과 항상 함께 있고 싶어하는 사랑의 마음--에 초점을 맞추지 않는다면, 우리는 결코 우리가 원하는 진정한 변화를 이룰 수 없다. 우리가 추구해야 하는 진실하고 영구적인 변화는 평안과 만족이며, 이는 오직 하나님의 임재 안에서만 발견된다.

## 로마서 12:2

너희는 이 세대를 본받지 말고 오직 마음을 새롭게 함으로 변화를 받아 하나님의 선하시고 기뻐하시고 온전하신 뜻이 무엇인지 분별하도록 하라.

마음을 새롭게 한다는 것은 "아들의 형상을 본받게" (롬 8:29) 하는 내적 변화를 말한다. 우리의 생각과 우선 순위, 삶의 목표들을 그리스도께 맞추는 것이다: "너희 안에 이 마음을 품으라. 곧 그리스도 예수의 마음이니" (빌 2:5). 그리스도의 마음은 순결했고 하나님 아버지께로만 고정되어 있었다. 그분에게는 아버지의 뜻을 행할 굳은 결심이 있었다; "나의 양식은 나를 보내신 이의 뜻을 행하며, 그의 일을 온전히 이루는 이것이니라" (요 4:34).

올해 당신의 새해 계획서 중에 기도를 통해 하나님과 더 많은 교제의 시간을 갖는 일과 그분의 말씀을 묵상하는 일이 포함되어 있기를 기도한다. 온전히 그분을 사랑하고, 그분의 임재를 구하며, 그분의 뜻을 구하고, 깨닫고, 실천하는 일에 더 많은 시간을 사용하자. 우리 모두가 하나님 아버지 곁에 가까이 나아가, 더욱 새롭고 신선한 그분의 사랑을 날마다 경험하도록 서로를 위해 기도하자. 우리에게 남은 날이 며칠, 몇 주 혹은 몇 년이든 상관없이, 영원히 지속될 변화를 만들어내기에 힘쓰자. 새롭게 되기로 결심하자.

# 더욱 그분을 아는 것

가정에 아기가 태어나면, 부모와 아기 사이에는 거의 즉각적으로 유대 관계가 형성된다. 갓난아이는 부모에게 한없이 소중하고 사랑스런 존재가 되고, 부모는 아이에게 평안과 안전을 제공하는 보호자가 된다. 부모와 함께 보내는 시간이 많아지면서, 아이는 "엄마"와 "아빠"의 얼굴과 음성을 익히고 그들을 신뢰하게 된다. 이 것은 아주 친밀한 관계이며, 아이는 자신의 모든 필요에 있어 부모를 의지한다.

그렇지만 아이가 자라서 다양한 활동을 하며 많은 친구를 사귀게 되면서부터, 아이와 부모가 함께 보내는 시간은 점점 줄어들게 된다. 독립심도 커져서, 부모의 가르침과 조언에 종종 반기를 들기 시작한다. 얼마 지나지 않아 부모와 아이는 서로에게서 멀어져 초기에 누렸던 친밀한 교제를 잃어버린다. 이제 더 이상 서로의 필요를 이해할 수도, 서로에 대해 알지도 못한다.

## 에베소서 1:16-17

너희를 인하여 감사하기를 마지아니하고, 내가 기도할 때에 너희를 말하노라. 우리 주 예수 그리스도의 하나님, 영광의 아버지께서 지혜와 계시의 영을 너희에게 주사 하나님을 더욱 알게 하시고.

바울은 모든 성도들이 계시와 지혜를 받기 위해 지속적으로 기도

했다. 계시는 하나님의 진리가 "베일을 벗는 것"이고, 지혜는 우리 삶 속에 이 진리를 적용하는 것이다. 이 둘은 한 가지 목적을 가지고 있다; 그것은 우리가 그분을 더 잘 알아감으로 인해 그분과 더 가까워지고 친밀해지는 것이다.

우리는 예수 그리스도와의 인격적인 관계 속에 성장하면서 영적인 십대를 거치게 된다. 이 때 우리는 이미 필요한 모든 것을 다 아는 듯한 착각에 빠지게 된다. 자아에 대한 신뢰가 커지면서 스스로의 능력을 믿기 시작한다. 우리는 점점 더 많은 활동(이 중에는 "좋은" 활동들도 있을 것이다)을 하며 더 많은 친구(물론 "좋은" 친구들도 있다)를 사귄다. 그러다 어느 순간 정신을 차려보면 하나님을 떠나 방황하고 있는 자신을 발견하게 된다. 처음부터 고의적으로 그분을 떠난 것은 아니었지만, 이제 우리는 더 이상 열정적이지도 않고, 더 깊이 하나님을 알고 싶어하지도 않는다.

사랑이 많은 아버지가 자기 아이를 품기를 소원하는 것처럼, 우리의 하나님 아버지도 우리가 다시 그분께 가까이 오기를, 그분을 사랑하기를, 그분을 제대로 알게 되기를 간절히 바라고 계신다. "자랑하는 자는 이것으로 자랑할지니, 곧 명철하여 나를 아는 것과 나 여호와는 인애와 공평과 정직을 땅에 행하는 자인 줄 깨닫는 것이라"(렘 9:24). 성경에서 "알다"라는 말은 매우 개인적이고 친밀한 관계를 지칭할 때 쓰인다: "아담이 그 아내 하와와 동침하매 하와가 잉태하여 가인을 낳고"(창 4:1). 하나님과 우리와의 관계는 너무도 친밀해서 그 무엇도 숨길 수가 없어야 한다. 그분은 우리의 사랑의 전부를 받으실 자격이 있으시다.

　누군가를 더 잘 알기 위한 최고의 방법은 함께 시간을 보내는 것이다. 삶이 아무리 바빠져도 우리는 지속적으로 하나님의 임재 안으로 들어와야 한다. 기도 중에 그분과 대화하고, 조용히 그분의 말씀을 읽고 묵상하면서 그분의 음성을 들어야 한다. 온 마음과 정성과 뜻과 힘을 다해 하나님을 사랑하기로 다시 한 번 작정하자. 하나님께 가까이 나아가 그분을 더 잘 알기 위해 계속 힘쓰자.

# 근심하는 마음

근심한다는 말은 염려와 걱정 때문에 정신적으로 고통받는 것을 말한다. 아담이 금지된 열매를 따먹고 하나님으로부터 숨으려는 헛된 시도를 했던 이래로, 근심은 인간의 본성에 깊이 자리잡은 듯하다 (창 3:8-10). 삼천 년 전에 잠언을 쓴 솔로몬 왕은 근심이 가져오는 해악을 다음과 같이 잘 이해하고 있었다.

### 잠언 12:25

근심이 사람의 마음에 있으면 그것으로 번뇌케 하나, 선한 말은 그것을 즐겁게 하느니라.

바울이 예수님의 복음을 선포할 때도 근심은 여전히 우리의 본성 가운데 있었다. 그는 "주 안에서 항상 기뻐하라"(빌 4:4)는 가르침이 끝나기가 무섭게 우리 삶에서 근심을 제거해야 함을 역설한다.

### 빌립보서 4:6

아무 것도 염려하지 말고, 오직 모든 일에 기도와 간구로, 너희 구할 것을 감사함으로 하나님께 아뢰라.

어떤 문제로 인해 지나친 걱정을 하게 될 때, 우리는 하나님께 나아가 (감사함으로) 우리의 짐을 그분께 내려놓아야 한다. 이것은 문제를 무시하는 것과는 다르다. 우리는 이 세상의 것들을 영원의 관점에서 볼 수 있어야 한다. 이생의 문제들은 하나님 나라의 영원한 영광에 비교하면 언제나 초라하게 바랠 수밖에 없다.

### 마태복음 6:25,33

그러므로 내가 너희에게 이르노니, 목숨을 위하여 무엇을 먹을까, 무엇을 마실까, 몸을 위하여 무엇을 입을까 염려하지 말라. 목숨이 음식보다 중하지 아니하며, 몸이 의복보다 중하지 아니하냐? 너희는 먼저 그의 나라와 그의 의를 구하라. 그리하면 이 모든 것을 너희에게 더하시리라.


믿음이 우리 삶의 견고한 기초가 되어야 한다. 우리가 "하나님을 사랑하는 자, 곧 그 뜻대로 부르심을 입은 자들에게는 모든 것이 합력하여" 선을 이룬다는 사실을 진정으로 믿는다면, 우리 삶의 과정 속에서 염려에 빠지는 일은 좀처럼 없을 것이다. 단순히 계속해서 하나님과 사람을 사랑하며 살 것이다.

이런 면에서 염려의 수준은 우리의 믿음의 수준을 나타내 주는 좋은 척도가 된다. 우리가 하나님께 가까이 가면 갈수록 우리의 눈이 열려서 그분이 우리의 모든 필요를 이미 채우셨고 또 앞으로도 채우시리라는 사실을 볼 수 있을 것이다.

우리가 압력과 부담감, 과도한 스트레스로 고통받을 때--염려가 사방에서 빠른 속도로 우리를 엄습해서 어디서부터 시작해야할지 갈

피를 잡지 못할 때--우리는 걸음을 멈추고 깊고 긴 호흡을 들이마셔야 한다. 우리는 예수님과 그분의 말씀에 다시 집중해야 한다. 사랑의 하나님과 함께 누릴 영원한 안식을 다시 기억하며 성실하게 그분의 나라--그분의 임재--를 구해야 한다. 그러면 우리는 그분의 평안을 선물로 받아 더 이상 근심하는 마음으로 눌리지 않을 것이다.

# 그분의 궁정에서

문이 되시는 예수 그리스도를 통해 죄사함을 받고 그분을 믿는 것은 영원히 우리의 운명을 바꾸는 획기적인 일이다 (요 10:9). 영적인 소경으로 하나님으로부터 분리되어 지옥에 떨어질 수밖에 없었던 우리가 이제는 영원히 그분의 자녀로 살 수 있게 되었다.

우리가 구원의 관문을 통과하면, 하나님께서는 우리를 "아들의 형상을 본받기" 위한 과정으로 인도하신다(롬 8:29) . 하나님의 계획은 우리가 오직 그분께만 영광을 돌리고 그분의 이름만을 찬양하는 존재로 변화되는 것이다.

교만의 껍질을 벗겨내고 우리의 죄된 본성의 지배로부터 벗어나는 이 작업은 때로 매우 고통스럽다. 하지만 우리가 인내하면서 어렴풋이나마 그분의 영광을 맛보게 될 때, 우리는 결코 그분의 임재로부터 떨어지고 싶어하지 않게 된다.

### 시편 84:10

주의 궁정에서 한 날이 다른 곳에서 천 날보다 나은즉, 악인의 장막에 거함보다 내 하나님 문지기로 있는 것이 좋사오니.

하나님의 임재 가운데 하루를 지내는 것은 다른 곳에서의 천 일보다 낫고, 이 세상이 줄 수 있는 어떤 것보다도 낫다. 이 진리를 믿지 않는 사람은 그분의 임재 안에 들어가 성령의 달콤한 열매를 한번도

맛본 적이 없는 사람일 것이다.

앞의 본문 후반부에서 표현된 열정을 다시 보자. "하나님의 집에서 하찮은 문지기로 있는 것이 최고의 저택에서 범죄하며 사는 것보다 낫다" (필자의 의역임). 하나님과 함께 있고 싶어하는 간절한 마음은 몇 구절 전에도 나타난다.

### 시편 84:2

내 영혼이 여호와의 궁정을 사모하여 쇠약함이여, 내 마음과 육체가 생존하시는 하나님께 부르짖나이다.

하나님 아버지께서는 우리의 삶에 이러한 간절함과 열정이 있기를 바라신다. "감사함으로 그 문에 들어가며, 찬송함으로 그 궁정에 들어가서, 그에게 감사하며, 그 이름을 송축할지어다" (시 100:4). 하나님을 예배하는 거룩한 성전은 이제 모든 성도들의 영혼 가운데 세워졌다. 바로 우리 안에 있는 것이다 (고전 3:16). 삶의 매 순간마다 우리 영혼 깊은 곳에서 우러나오는 예배를 드림으로 그분의 성전을 찬양으로 채우다. 열심을 다해 삶의 모든 순간을 그분의 궁정 안에서 보내자.

# 세미한 음성

북이스라엘의 선지자 엘리야는 홀로 사백오십 명의 바알 선지자들과 대결하여 하나님의 능력을 크게 떨쳐 보였다. 이렇듯 하나님의 능력을 직접 체험하며 그 도구로 사용되었던 엘리야였지만, 생명의 위협을 느끼게 되자 바로 광야로 도피하는 약한 모습을 보이기도 했다; "한 로뎀나무 아래 앉아서 죽기를 구하여 가로되, 여호와여, 넉넉하오니 지금 내 생명을 취하옵소서"(왕상 19:4).

하나님께서는 자비를 베푸셔서 천사를 보내 엘리야를 위로하고 새 힘을 주신다. 그런 후 그는 광야를 통과하는 사십 일 간의 여행 끝에 모세가 십계명을 받았던 산에 이르게 된다. 거기서 하나님과 대면하게 된 엘리야는 실의에 빠진 자신의 상태를 솔직하게 고백한다: "이스라엘 자손이 주의 언약을 버리고, 주의 단을 헐며, 칼로 주의 선지자들을 죽였음이오며, 오직 나만 남았거늘, 저희가 내 생명을 찾아 취하려 하나이다"(왕상 19:10).

엘리야는 극심한 고독을 느꼈다. 그는 거룩하신 하나님의 뜻으로부터 너무나도 멀어져 있는 이스라엘 백성의 비참한 상황을 누구보다 잘 알고 있었다. 그러나 동시에 그는 그런 상황에 압도되어 의미 있는 영향을 주지 못하고 있는 자신의 무력함을 한탄하였다. 하나님은 그런 엘리야에게 "여호와의 앞에서 산에 섰으라"(왕상 19:11)고 명령하신다.

## 열왕기상 19:11-13

여호와께서 가라사대 너는 나가서 여호와의 앞에서 산에 섰으라 하
시더니, 여호와께서 지나가시는데, 여호와의 앞에 크고 강한 바람
이 산을 가르고 바위를 부수나 바람 가운데 여호와께서 계시지 아
니하며, 바람 후에 지진이 있으나 지진 가운데도 여호와께서 계시
지 아니하며, 또 지진 후에 불이 있으나 불 가운데도 여호와께서
계시지 아니하더니, 불 후에 세미한 소리가 있는지라. 엘리야가 듣
고 겉옷으로 얼굴을 가리우고 나가 굴 어귀에 서매.

우리가 하나님이 주신 뜻을 따라 전심으로 그분을 섬기는 삶을 걸
어가다보면, 언젠가 엘리야처럼 느끼게 되는 상황이 올 수 있다. 적
지 않은 사람들이 엘리야가 느꼈던 처절한 무기력함을 반복해서 경
험하곤 한다; 이것은 가진 능력에 비해 맡겨진 일이 너무나 커 보이
는 그런 상황이다. 하지만 하나님의 해답은 언제나 동일하다. 우리
는 그분의 임재 안으로 들어가, 그분의 능력으로 옷 입고, 그분의 인
도하시는 말씀을 들어야 한다.

우리는 흔히 온 우주를 창조하신 하나님이 말씀하실 때는 땅이 흔
들리고 천둥처럼 큰 소리로 "이 길로 가거라!"고 하실 것이라고 예상
한다. 그러나 하나님께서는 우리의 영혼과 마음과 힘이 차분함 속에
서 그분께 고정되기를 원하신다. 어떠한 잡음이나 잡념, "말씀을 막
아 결실치 못하게" 하는 모든 방해거리들을 제거하기를 원하신다
(막 4:19). 이런 맥락에서 볼 때, 하나님께서 우리의 삶 속에서 주

로 조용한 순간들을 택하여 속삭이듯이 말씀하시는 것은 당연한 일이다.

아무리 할 일이 많더라도, 우리는 반드시 조용하고 방해받지 않는 시간을 떼어 하나님의 임재 속으로 들어가 그분을 예배하고 그분의 음성을 들어야 한다. 물론 어느 정도 익숙해진 다음에는 외적인 환경과 상관없이 하나님의 임재 안에 들어가는 일이 자연스러워지겠지만, 처음 시작할 때는 반드시 조용한 시간과 공간을 찾는 습관을 들이는 것이 좋다. 하나님은 오늘도 우리에게 격려의 말씀으로 분명한 방향을 제시하기를 원하신다. 온 맘을 다해 그분을 사랑하고 그분의 부드럽고 세미한 음성을 듣자.

# 우리의 눈을 열어

아람 왕이 이스라엘과 전쟁할 때였다. 그가 군대를 움직일 때마다 선지자 엘리사는 그것을 미리 알고 이스라엘에게 알려주었다. 왕은 엘리사를 없애는 것만이 전쟁을 이길 수 있는 유일한 방법이라는 결론을 내렸다. "왕이 가로되 너희는 가서 엘리사가 어디 있나 보라. 내가 보내어 잡으리라"(왕하 6:13).

엘리사가 머무는 곳을 알아낸 왕은 군대를 보내 도시 전체를 에워싸게 한다. 아침에 일어나 이 광경을 본 엘리사의 사환이 공포에 떨었던 것은 당연하다; "내 주여, 우리가 어찌하리이까?"(왕하 6:15) 그러나 엘리사는 사환에게 그가 아직 보지 못하는 것이 있음을 말해 준다.

### 열왕기하 6:16-17

대답하되 두려워하지 말라. 우리와 함께한 자가 저와 함께한 자보다 많으니라 하고, 기도하여 가로되 여호와여, 원컨대 저의 눈을 열어서 보게 하옵소서 하니, 여호와께서 그 사환의 눈을 여시매 저가 보니, 불말과 불병거가 산에 가득하여 엘리사를 둘렀더라.

우리의 왜곡된 지각 능력은 두려움의 가장 큰 원인이다. 좀더 직설적으로 말하자면, 사실 그것이 유일한 원인일 수도 있다! 우리가 믿음 없는 삶을 살 때, 우리의 지각 능력은 육신의 눈의 수준을 벗어날 수 없다. 그러나 우리의 믿음이 커지고 하나님에 대한 이해가 넓

어지면, 우리는 육신의 눈으로 보지 못하는 일에 대해서도 하나님을 신뢰하며 평안을 누릴 수 있게 된다. "너희 안에 계신 이가 세상에 있는 이보다 크심이라" (요일 4:4)는 말씀을 확신하게 된다.

우리의 마음과 우리를 둘러싼 주변 환경 속에는 우리를 힘들게 하고 절망하게 만드는 유형 무형의 전투가 매일 일어난다. 하나님의 길로 걷기를 원하지만 세상은 쉴 새 없이 우리를 잡아당기고 공격한다. 육신의 눈에 보이는 전투가 진정한 전투가 아님을 기억하라; "우리의 씨름은 혈과 육에 대한 것이 아니요" (엡 6:12). 우리의 적은 배우자, 부모, 자녀 혹은 동료가 아니다. 우리의 건강이나 재정 상태도 아니다. 이 모든 현세적인 것들은 우리가 겪는 고통의 진정한 원인이 될 수 없으며, 우리가 기쁨을 느끼는 이유가 되어서도 안 된다. 우리의 전투는 영적인 것이다. 그리고 이 전투에서 우리는 결코 혼자가 아니다!

말씀을 다시 새기며 위로를 얻으라: "우리와 함께한 자가 저와 함께한 자보다 많으니라." 하나님이 얼마나 우리를 사랑하시며 또한 얼마나 우리를 위해 힘써 싸우시는지를 희미하게나마 깨달을 때까지 쉬지 않고 하나님께 나아가자. 사실 전투는 이미 아군의 승리로 끝이 났다. 우리에게 남아 있는 일은 그분을 신뢰하고 우리 마음의 모든 부분을 그분께 드리는 것이다. 그러면 그분은 우리가 소원하는 것보다 훨씬 더 풍성하게 복을 부어 주실 것이다. 하늘에 계신 아버지, 우리는 오늘 당신을 뚜렷이 보기 원하나이다. 우리를 당신의 임재 안으로 부르시고, 우리의 눈을 열어 주옵소서!

# 우리는 어떤 제사를 드리고 있는가?

예레미야가 선지자가 되었을 때는, 이스라엘이 가나안 땅을 차지한 지 팔백 여년이 흐른 뒤였다. 그 기간을 대표하는 말은 다름 아닌 반역과 불순종이었다. 그들은 하나님을 떠나 이방신을 섬기는 죄악을 반복해서 저질렀다.

예레미야를 통해서 하나님은 이스라엘 백성이 유일한 참 신이신 그분께 돌아와 예배하도록 촉구하신다: "나 여호와가 이같이 이르노라. 너는 여호와의 집 뜰에 서서 유다 모든 성읍에서 여호와의 집에 와서 경배하는 자에게 내가 네게 명하여 이르게 한 모든 말을 고하되 한 말도 감하지 말라. 그들이 듣고 혹시 각각 그 악한 길에서 떠나리라. 그리하면 내가 그들의 악행으로 인하여 재앙을 그들에게 내리려 하던 뜻을 돌이키리라"(렘 26:2-3).

하나님의 자비하신 성품이 예레미야서를 통해 다시 한 번 드러난다. 이스라엘의 비참한 영적 현실에 대해 예레미야에게 말씀하시는 하나님의 무너지는 가슴이 생생하게 느껴지는 듯하다.

## 예레미야 19:4-5

이는 그들이 나를 버리고, 이곳을 불결케 하며, 이곳에서 자기와 자기 열조와 유다 왕들의 알지 못하던 다른 신들에게 분향하며, 무죄한 자의 피로 이곳에 채웠음이며, 또 그들이 바알을 위하여 산당을 건축하고, 자기 아들들을 바알에게 번제로 불살라 드렸나니, 이는 내가 명하거나 말하거나 뜻한 바가 아니니라.

출애굽 당시, 하나님은 "가나안 땅의 풍속과 규례"(레 18:3)를 따르지 말라고 경고하신다. 이 세상의 방법은 언제나 하나님의 방법과 갈등을 일으키기 마련이다.

선민(選民)으로 자처하던 이스라엘은 하나님으로부터 등을 돌렸을 뿐만 아니라, 더 나아가 가나안 거민들의 제의(祭儀)를 따르며 자녀들을 제물로 바치기에 이른다. 하나님께서는 아마 당신의 눈을 의심하며 고개를 절래절래 흔드셨을지도 모른다. 우리 시대를 바라보는 그분의 마음 또한 크게 다르지 않을 것이다.

우리는 예수님을 통해 죄사함을 얻음으로 가족과 친구 그리고 하나님과 축복된 관계를 누리고 있다. 하지만 얼마나 자주 우리는 이러한 축복들을 이 세상의 우상들에게 제물로 바치고 있는가? 얼마나 자주 우리는 이 세상의 법칙에 따라 우리의 가정과 자녀를 물질주의의 불에 태우고 있는가? 얼마나 자주 우리는 이기적인 쾌락의 제단 위에 우리의 소중한 관계들을 희생시키고 있는가?

우리의 하나님 아버지께서는 온전한 희생을 드리는 영적 예배로 우리를 초청하신다: "너희 몸을 하나님이 기뻐하시는 거룩한 산 제사로 드리라" (롬 12:1). 이 제사는 지속적으로 우리의 의지를 그분께 내어드려 "관제와 같이 부음"(딤후 4:6)이 되는 것이다. 가장 좋은 것을 가지고 하나님 앞에 나와 순결하고 온전한 헌신으로 그분을 예배하자. 우리가 주로 어디서 많은 시간을 보내고 있고, 주로 어떤 생각을 하며 사는지 엄격하게 따져 보자. 우리는 과연 어떤 종류의 제사를 드리고 있는가?

# 온 마음을 다해

하나님은 모세에게 주신 율법을 통해 예배의 방식과 인간 관계의 규칙을 설명하셨다. 예수님은 가장 중요한 계명이 무엇이냐는 질문을 받으셨을 때 이렇게 대답하셨다: "네 마음을 다하고 목숨을 다하고 뜻을 다하고 힘을 다하여 주 너의 하나님을 사랑하라" (막 12:30). 그의 공생애 중 또 다른 한 시점에서는 율법과 선지자의 가르침을 요약하면 "남에게 대접을 받고자 하는 대로 너희도 남을 대접하라"(마 7:12)는 것이 된다고 하셨다. 하나님과 이웃을 사랑함에 있어서 우리는 온전하고 진실해야 한다.

하나님은 그의 백성이 정직하기를 바라신다. "오직 십분 공정한 저울추를 두며, 십분 공정한 되를 둘 것이라. 그리하면 네 하나님 여호와께서 네게 주시는 땅에서 네 날이 장구하리라. 무릇 이같이 하는 자, 무릇 부정당히 행하는 자는 네 하나님 여호와께 가증하니라" (신 25:15-16). 예수님도 제자들을 가르치실 때 정직한 계량을 강조하셨다.

## 누가복음 6:38

주라. 그리하면 너희에게 줄 것이니, 곧 후히 되어 누르고 흔들어 넘치도록 하여 너희에게 안겨 주리라. 너희의 헤아리는 그 헤아림으로 너희도 헤아림을 도로 받을 것이니라.

예수 그리스도께서 우리의 죄를 위하여 죽으심으로 우리는 "아브라함의 복"(갈 3:14)을 받게 되었다. 여기에는 하나님의 자녀로 불리는 특권, 영생의 약속뿐만 아니라 이 땅에서 진정한 기쁨과 평화와 만족을 누리는 삶이 포함된다.

우리가 하나님으로부터 받는 복의 수준은 우리가 그분께 드리는 헌신의 수준과 직접적인 관계가 있다. 여기서 말하는 '수준'은 우리가 드리는 헌물의 양이나 재산상의 가치를 말하는 것이 아니다: "순종이 제사보다 낫고 듣는 것이 수양의 기름보다 나으니" (삼상 15:22). 축복은 결코 돈으로 살 수 없다. '헌신의 수준'은 우리의 예배, 사랑, 순종으로 결정된다. 올바른 헌신이란 삶의 매 순간을 그분의 임재 안에서 걸으며 호흡이 있는 한 그분을 찬양하고자 하는 열망이다.

하나님으로부터 평화와 확신과 인도하심을 받으려고만 하고 여러 가지 계산 속에서 온전한 헌신을 회피할 때, 우리는 하나님과 사람 앞에서 부정직하고 위선적이 되기 쉽다. 하나님의 축복을 온전히 누릴 수 있는 방법은 오직 한 가지뿐이다. 그것은 우리가 먼저 온전히 그분을 찬양하고 온전한 예배를 드리는 것이다. 그분이 우리를 어디로 인도하시든지 순종하며 온 마음을 다해 그분을 송축하는 것이다.

# 거룩의 외양

십자가에 달리시기 전 한 주 동안, 예수님은 종교 지도자들로부터 많은 질문을 받으셨다. 그들의 동기는 순수한 호기심을 만족시키거나 율법에 관한 가르침을 받기 위함이 아니라, 예수님을 곤경에 빠뜨리려는 것이었다: "이에 바리새인들이 가서 어떻게 하여 예수로 말의 올무에 걸리게 할까 상론하고" (마 22:15). 예수님은 그들의 질문에 대답하시면서 또한 군중들에게 그들의 위선을 조심하라고 경고하셨다.

## 마태복음 23:5-7

저희 모든 행위를 사람에게 보이고자 하여 하나니, 곧 그 차는 경문을 넓게 하며, 옷술을 크게 하고, 잔치의 상석과 회당의 상좌와 시장에서 문안 받는 것과 사람에게 랍비라 칭함을 받는 것을 좋아하느니라.

경문은 모세의 율법을 지키기 위해 이마나 손목에 차고 다녔던 성경이 든 작은 상자를 말한다: "이러므로 너희는 나의 이 말을 너희 마음과 뜻에 두고, 또 그것으로 너희 손목에 매어 기호를 삼고, 너희 미간에 붙여 표를 삼으며" (신 11:18).

바리새인들은 모세의 율법을 매우 엄격하게 따랐고, 그 외에도 많은 규칙들을 스스로 만들어 지켰다. 예수님은 이러한 규칙들을 지키는 것 자체를 정죄하지는 않으셨지만, 그들의 마음 상태에 대해서는 크게 책망하셨다. 바리새인들은 그들이 하는 모든 행위의 목적이 하나님을 경배하는 데 있어야 한다는 사실을 잊어버렸다. 그들은 사람들에게 거룩하게 보이고 인정받는 것에 관심이 있었기 때문에 그럴싸한 외양을 갖추는 데 온 신경을 기울였다.

이것은 예수님이 이 땅에 계셨던 시대에만 국한되는 문제가 아니다. 칠백 년 전에도 이스라엘 사람들은 예배의 마음을 잃어버려 책망을 받았다: "주께서 가라사대 이 백성이 입으로는 나를 가까이하며 입술로는 나를 존경하나 그 마음은 내게서 멀리 떠났나니, 그들이 나를 경외함은 사람의 계명으로 가르침을 받았을 뿐이라" (사 29:13).

불행하게도, 이 문제는 오늘날 우리 안에도 널리 퍼져 있다. 우리는 해야 할 것과 하지 말아야 할 것의 목록을 만들고 그것을 잘 지키면 좋은 "예배자"가 된 것으로 착각한다. 교회 출석, 사회 봉사, 심지어는 성경을 읽은 시간을 하나님과의 친밀함을 가늠하는 잣대로 사용한다. 이러한 모든 "선한" 행위들이 우리와 하나님과의 관계를 규정할 수 없다. 우리 예배의 가치를 결정할 수 없다! "사람은 외모를 보거니와 나 여호와는 중심을 보느니라" (삼상 16:7).

우리는 하나님을 찬양하고 경배하도록 지음을 받았다. 우리가 하는 모든 일은 그분을 향한 사랑이 동기가 되어야 한다. 사랑과 감사의 마음으로 하지 않는 종교적인 선행은 아무런 의미도 가지지 못한다. 우리가 행하고 말하는 모든 것에서 하나님에 대한 사랑을 표현하는 진정한 예배자가 되자! 거룩의 외양을 위해 사는 어리석음을 범하지 말자.

# 성전 봉헌

구약성경은 우리의 믿음에 풍부한 내용을 더해 준다. 여기에는 하늘과 땅의 창조에 대한 설명이 있다. 하나님께서 흠도 많고 실수도 많아 우리와 별다를 바 없는 평범한 사람들을 통해 당신의 역사를 이루시는 것을 보며, 우리는 큰 위로와 확신을 얻기도 한다. 그리고 구약성경은 선택된 백성이 어떤 방법으로 하나님을 예배하고 경외하는 삶을 살아야 하는지에 대한 구체적인 그림을 제시한다.

애굽에서 나온 이스라엘 백성을 위해, 하나님은 모세에게 성막을 짓도록 지시하셨다. 성막은 동물 가죽과 천, 기둥으로 이루어졌고, 이동하기에 용이한 구조물이었다. 그들에게 성막은 예배의 중심지로서 하나님의 임재가 거하는 곳이었다.

수백 년이 흘러, 이스라엘 사람들은 약속의 땅 가나안에 들어와 정착하였다. 하나님은 다윗 왕에게 가변적인 성막을 대신하여 보다 영구적인 성전을 건립할 비전을 주신다. 다윗이 계획을 세우고 필요한 자재들을 모았으나, 하나님은 솔로몬이 왕위에 오른 후에야 건설을 시작하게 하신다.

연인원 십오만 명 이상이 동원되어 칠 년을 공사한 끝에 드디어 성전이 세워졌다 (대하 2:1-2). 성전이 완공되고 봉헌식이 시작되었다: 하나님을 예배하고 높이기 위해 제물이 드려졌고, 백성들은 음악과 노래로 "여호와를 찬송하며 감사"하였다 (대하 5:13).

**역대하 5:13-14**

그 때에 여호와의 전에 구름이 가득한지라. 제사장이 그 구름으로 인하여 능히 서서 섬기지 못하였으니, 이는 여호와의 영광이 하나님의 전에 가득함이었더라.

성전이 봉헌되고 천 년이 지난 후 예수님께서 십자가에 달려 죽으셨고, 우리는 새 성전과 새 언약을 받게 되었다: "너희가 하나님의 성전인 것과 하나님의 성령이 너희 안에 거하시는 것을 알지 못하느뇨?" (고전 3:16)

이제 우리 자신이 바로 하나님의 성전이다. 계획이 세워졌고, 그 계획에 따른 공사도 완료되었다--이제 봉헌식을 드려야 할 차례이다. 그분을 주님으로 경외하고 우리 삶을 성별하여 거룩한 예배의 장소로 드려야 한다 (롬 12:1). 우리의 사랑과 예배가 더욱 하나님께 초점이 맞추어짐에 따라, 우리는 더 이상 "우리 자신의" 제사를 드리지 않게 된다. 우리의 삶이 주님의 영광으로 가득 차면, 우리가 하는 모든 것이 곧 그분의 것이 될 것이기 때문이다. 지금이야말로 그분의 영광이 우리의 삶을 온전히 채울 때이다. 성전을 봉헌할 때이다.

# 돌아와 감사하는 사람

예수님께서 갈릴리 지방을 떠나 예루살렘을 향하여 가실 때, 문둥병자 열 명이 간구한다: "예수 선생님이여, 우리를 긍휼히 여기소서"(눅 17:13). 예수님은 즉시 병을 고쳐 주시는 대신에 한 가지 특별한 명령을 내리신다: "가서 제사장들에게 너희 몸을 보이라"(눅 17:14).

문둥병자는 병이 나았다는 확신이 있을 때에만 제사장에게 갈 수 있었다. 제사장들에게는 문둥병에서 나은 사람에게 의식(儀式)적 정결을 선언하고 집으로 돌아가게 할 권한이 있었다 (레 14장). 그렇기 때문에 열 명의 문둥병자들이 예수님의 말씀에 따라 제사장에게 간 것은 그들에게 큰 믿음이 있었다는 사실을 보여 준다: "저희가 가다가 깨끗함을 받은지라"(눅 17:14). 이들이 고침을 받기 이전에 먼저 믿음으로 행동을 취했던 점을 주목하라. 그들의 순종의 행위가 그들의 믿음을 증거한다.

열 명 모두 고침을 받았지만 돌아와 감사를 표시한 사람은 단 한 명뿐이었다: "예수의 발 아래 엎드리어 사례하니"(눅 17:16).

## 누가복음 17:17

예수께서 대답하여 가라사대 열 사람이 다 깨끗함을 받지 아니하였느냐? 그 아홉은 어디 있느냐?

우리는 과연 우리가 얼마나 큰 질병으로부터 고침을 받았고, 지금도 날마다 고침을 받고 있는지 이해하고 있는가? "우리가 아직 죄인 되었을 때에 그리스도께서 우리를 위하여 죽으심으로" (롬 5:8). 우리는 그분이 우리를 얼마나 사랑하셨는지 진정으로 이해하고 있는가? 아무 사랑도 받을 자격이 없는 우리 인간들에게 얼마나 큰 사랑을 주셨는지 실감하고 있는가? "허물로 죽은 우리를 그리스도와 함께 살리셨고" (엡 2:5). 우리는 죽었었다! 그런 우리가 그리스도와 함께 다시 살아났다. 이것이 바로 치유이다!

그리스도인으로서 삶을 살아가면서 우리는 수많은 치유의 경험을 한다. 그러나 우리는 이들 대부분을 인식하지도 못하고 그냥 지나친다. 손상되었던 관계의 회복, 그분의 손이 하신 일이다. 분쟁의 해결, 그분의 손이 하신 일이다. 그분의 임재를 멀리 떠나 있다 돌아왔을 때도, 그분의 손이 우리를 치유하신다.

그런데 우리는 돌아와 감사를 드리는가? 아니면 나머지 아홉 명처럼 제 갈 길을 가며 생명의 은인을 잊고 살아가는가?

돌아왔던 한 사람은 예수님의 발 아래 엎드렸다. 만일 우리가 얼마나 심각한 질병을 앓았었는지를 알고 또한 그것을 그리스도께서 온전히 치유하신 사실을 깨닫는다면, 우리는 그분의 발 아래 엎드릴 뿐만 아니라 결코 그분 앞을 떠나지 않을 것이다. 매일 매일 하나님의 임재 안에서 살자. 지속적인 감사와 찬양이 넘치는 마음으로 그분께 나아가자. 언제나 '돌아와 감사하는' 사람이 되자.

# 선생님의 도구

선지자 예레미야 때의 이야기이다. 하나님의 선택된 백성 이스라엘이 또 다시 하나님을 떠나 이방신을 섬겼다. 그러나 하나님은 언제나처럼 그분의 백성이 돌아와 진정한 예배를 드리기를 기다리셨다. 수년 동안 경고해온 것처럼, 하나님은 이스라엘을 훈련하고 가르치시기 위해 이방의 왕을 도구로 사용하신다.

### 예레미야 27:6

이제 내가 이 모든 땅을 내 종 바벨론 왕 느부갓네살의 손에 주고,
또 들짐승들을 그에게 주어서 부리게 하였나니.

하나님은 당신께서 여전히 모든 것을 주관하고 있다는 사실을 그의 백성에게 상기시키셨다. 그분은 또한 그들의 지독한 교만을 드러내시고, 복종해야만 살 수 있는 상황에 몰아넣으신다. 예레미야가 하나님의 뜻을 대언한다: "목으로 바벨론 왕의 멍에를 메고 그와 그 백성을 섬기소서. 그리하면 살리이다" (렘 27:12). 많은 사람들이 하나님의 지시를 따르지 않고 죽음을 선택했다.

느부갓네살 왕이 이 시점에서 하나님을 인정했는지조차도 사실 분명하지 않다. 그러나 하나님은 분명히 그를 "내 종"이라고 부르셨다. 이 믿지 않는 이방인을 도구로 사용해서 당신의 자녀들에게 매우 중요한 (그리고 고통스러운) 교훈을 주는 것이 바로 하나님의 계

획이었다.

구원의 선물을 받음으로 하나님의 자녀가 되는 것은 일회적인 사건이다. 예수님의 희생이 죄사함의 능력이 있다는 것을 믿음으로 우리는 은혜를 받고 "새로운 피조물"이 된다 (고후 5:17). 그렇지만 "하나님을 위해 사는 것"은 평생에 걸쳐 계속되는 과정이다.

우리의 하나님 아버지께서는 우리가 보다 많은 진리를 깨닫기를 원하신다. 배워야 할 교훈들이 무궁무진하다. 그럼에도 불구하고, 그 교훈들은 사실 다 비슷해 보인다. 그분은 우리와 지속적이고 친밀한 교제를 갖기 원하시고, 우리가 그분을 더욱 신뢰하며, 마음과 목숨과 힘과 뜻을 다해 사랑하기를 원하신다 (막 12:30).

우리가 하나님의 가르침을 받기 원한다면, 그분이 선택하여 사용하는 도구를 인정해야 한다. 종종 그분은 성도들을 가르치기 위해 전혀 의외의 인물을 도구로 쓰시거나 최악의 상황을 이용해서 전화위복의 메시지를 주시기도 한다. 하나님께서 의도하신 교훈을 제대로 깨달았을 때의 감동은 달콤하고 긴 여운을 준다.

오늘 무슨 일을 만나든지, 하나님이 가르치시고자 하는 교훈을 발견하기를 힘쓰자. 그분이 우리를 만드시고 빚으시기 위해 사용하시는 도구들이 마음에 들지 않을 때도 있을 것이다. 그럴 때도 우리는 기억해야 한다. 그분이 우리를 가르치시는 목적은 우리가 그분을 더 깊이 사랑하고, 더 풍성한 그분의 임재 안에서 살게 하기 위함이다. 그분의 모든 가르침을 인해 그분을 찬양한다. 우리의 위대한 선생님이 사용하시는 도구들을 인해 감사한다.

# 주님의 명령을 좇아

하나님께서는 모세와 이스라엘 백성들을 애굽에서 인도하여 내시면서 많은 것을 그들에게 가르쳐 주셨다. 약속의 땅 가나안으로 가는 과정 가운데 하나님은 거룩의 개념과 삶으로 드리는 예배의 방법들을 설명하셨다. 그 중에서도 특별히 그분은 순종과 신뢰를 가르치기 원하셨다.

우리는 흔히 광야에서의 사십 년을 방랑으로 규정하지만, 사실 그들의 행로는 엄격하게 관리된 것이었다. 하나님은 성막 위에 머물러 있는 구름을 통해 방향을 지시하셨다. 이 구름은 낮에는 보통의 구름과 같았으나, 밤에는 "불 모양"(민 9:15)이 되었다. 이스라엘 백성들은 매일 구름이 인도하는 만큼씩만 이동하였다.

### 민수기 9:22-23

이틀이든지 한 달이든지 일 년이든지 구름이 성막 위에 머물러 있을 동안에는 이스라엘 자손이 유진하고 진행치 아니하다가 떠오르면 진행하였으니, 곧 그들이 여호와의 명을 좇아 진을 치며, 여호와의 명을 좇아 진행하고, 또 모세로 전하신 여호와의 명을 따라 여호와의 직임을 지켰더라.

사십 년 동안 하나님은 한 세대(世代) 전체에게 매일의 삶 속에서 그분을 바라보는 일의 중요성을 가르치신 것이다. 매번 진을 칠 때마다 그들은 얼마나 오랫동안 머물러 있을지 알지 못했다. 그리고 다시 출발할 때도 그들은 어디로 가는지, 얼마나 오래 여행을 할지 알지 못했다. 여행의 궁극적인 목적은 그들이 밟았던 땅에 있었던 것이 아니라 순종과 신뢰를 배우는 데 있었던 것이다.

오늘날 우리도 약속의 땅을 향한 여행을 하고 있다. 하나님은 여전히 많은 것들에 대해 가르치기 원하신다--예배, 거룩함, 신뢰 그리고 순종. 눈에 보이는 구름 기둥은 없지만, 주의를 집중해 보면 하나님의 인도하심을 "들을 수" 있을 것이다. 이스라엘 백성을 인도하신 그 하나님이 오늘 우리를 인도하고 계신다. 그리고 그 하나님은 우리가 그분을 신뢰하고 순종하며 따르기를 바라신다.

우리가 가장 배우기 힘든 영적 교훈 중 하나는 하나님은 우리가 이동을 해야 일을 이루는 분도, 우리가 머물러 있어야 일을 이루는 분도 아니라는 사실이다. 하나님은 우리의 도움이 있든 없든 상관없이 그분이 원하시는 일을 하실 수 있다. 하지만 그분은 우리가 그분과 함께 거하며 그분의 손의 인도하심을 경험하도록 초청하신다--그분은 우리에게 당신을 좇아오라고 초청하신다.

하나님 아버지께서는 우리 자신이 할 수 있는 것보다 훨씬 더 우리의 걸음을 잘 이끄실 수 있다 (또 하나의 배우기 힘든 영적 교훈일 것이다). 우리는 하나님께 더욱 가까이 나가 그분의 임재 안에 거함으로 그분의 인도하심을 듣고 따르는 법을 배워야 한다. 그분이 머물라고 하시든 떠나라고 하시든, 우리는 전적으로 주님을 신뢰하고 순종하는 마음으로 그분의 명령을 좇아 움직여야 한다.

# 그분의 임재 안에서 안전함

여호야김은 주전 605년에 바벨론이 남유다를 첫 번째로 공격할 당시 왕이었다. 그는 왕궁이 주는 편안함을 만끽했고, 외적들의 공격에 대비해서 맺은 애굽과의 동맹은 그를 더욱 안심시켰다. 필요하고 원하는 모든 것을 다 가졌고 외부의 침략에 대한 두려움도 사라진 상황에서, 여호야김은 회개하라고 경고하시는 하나님의 말씀을 들을 하등의 이유도 없었다.

**예레미야 22:18,21**

그러므로 나 여호와가 유다 왕 요시야의 아들 여호야김에게 대하여 이같이 말하노라....네가 평안할 때에 내가 네게 말하였으나 네 말이 나는 듣지 아니하리라 하였나니, 네가 어려서부터 내 목소리를 청종치 아니함이 네 습관이라.

우리는 인생의 대부분을 안정감을 주는 체제를 구축하기 위해 보내는 것 같다. 우리는 안정된 직장을 갖고 싶어하고 튼튼한 재정, 흔들리지 않는 인간 관계를 선호한다. 그러나 우리는 이러한 것들이 하나님 아버지를 온전히 의지하는 데 조금이라도 방해가 되지 않도록 조심해야 한다. 물론 우리는 받은 복들에 대해 감사해야 하지만, 그 속에 너무 빠진 나머지 하나님의 인도하심에 눈과 귀를 막아서는 안 된다.

우리의 삶은 한 걸음씩 전진한다. 우리는 매일 "너는 마음을 다하여 여호와를 의뢰하고 네 명철을 의지하지 말라"(잠 3:5)는 말씀을 기억해야 한다. 보통 우리는 인생의 여정 중에 그 다음 한두 단계 정도만을 볼 수 있다. 하나님은 이미 보여 주신 부분에 대해 우리가 믿음으로 발을 내딛으면 그 다음 단계를 보여 주신다. 우리는 어떠한 길로 인도될지 알지 못하지만, 그 길을 인도하시는 분을 신뢰하도록 부름받았다: "주의 말씀은 내 발에 등이요, 내 길에 빛이니이다"(시 119:105).

우리는 하나님과의 관계에서 안정감을 추구할 때도 조심할 필요가 있다. 교회 출석, 성경 공부 혹은 여러 가지 봉사 활동이 하나님과 나와의 관계를 규정할 수 없다. 그분과의 관계는 오직 예수 그리스도에 대한 믿음과 마음 깊은 곳에서 나오는 순수한 사랑에 기초해야 한다. 우리를 하나님의 임재로 이끌어 주지 못하는 활동은 아무 의미가 없다.

하나님을 필요로 하는 마음과 그분의 임재에 대한 소망을 고갈시키는 세속적인 안정감에 의존하지 말자. 믿음의 삶은 언제나 미지의 세계에 대한 모험을 수반한다; 믿음은 언제나 일정 부분의 독립성을 포기하게 한다; 하나님을 진실로 사랑하기 위해서는 언제나 그분으로부터 멀어지게 하는 것들을 버릴 필요가 있다. 그분을 의지하도록 하자. 그분을 사랑하며 더욱 가까이 그분께 나아가자. 그분의 임재 안에서 누리는 안전만으로 참된 평안을 누리자.

# 잘못된 곳에 둔 신뢰

"그분의 임재 안에서 안전함"편에서 우리는 하나님 아버지를 전적으로 의지하는 데 방해가 되는 것들을 조심할 필요가 있음을 살펴보았다. 또한 우리는 세상적인 것에 바탕을 둔 안정감이 우리의 영적 눈과 귀를 막아버릴 수 있다는 사실을 배웠다. 세상의 것으로 안정감을 느낀다는 말은 곧 세상의 것에 신뢰를 둔다는 말도 된다. 다윗 왕도 이같은 실수를 저질렀으며, 거기에 대해 큰 대가를 지불해야 했다.

하나님은 다윗을 가리켜 "내 마음에 합한 사람"(행 13:22)이라고 하셨다. 골리앗과 싸울 때나 왕으로 기름부음을 받을 때, 다윗은 그의 삶 속에서 역사하시는 하나님을 확실히 보았다. 하나님은 그가 사울에게 쫓길 때도 보호의 손길을 거두지 않으셨을 뿐 아니라 전쟁에서의 많은 승리도 허락하셨다. 하지만 통치 말기에 가서 다윗은 세상적인 힘과 능력을 과신하는 우를 범하고 말았다.

## 역대상 21:1-2

사단이 일어나 이스라엘을 대적하고, 다윗을 격동하여 이스라엘을 계수하게 하니라. 다윗이 요압과 백성의 두목에게 이르되, 너희는 가서 브엘세바에서부터 단까지 이스라엘을 계수하고 돌아와서 내게 고하여 그 수효를 알게 하라.

하나님은 다윗의 마음 속에 있는 뿌리 깊은 교만을 드러내기 위해 사단이 다윗을 시험하도록 허락하셨다. 사람의 수를 세는 것은 본질적으로 나쁜 일이 아니다. 사실 출애굽 당시에는 하나님이 직접 모세에게 이렇게 말씀하셨다: "너희는 이스라엘 자손의 모든 회중 각 남자의 수를 그들의 가족과 종족을 따라 그 명수대로 계수할지니"(민 1:2). 문제는 다윗이 매우 자기 의존적이 되어 자신의 힘과 능력과 자원을 의지했다는 데 있었다.

다윗은 자신의 잘못을 인식하고 죄를 고백한다: "내가 이 일을 행함으로 큰 죄를 범하였나이다. 이제 간구하옵나니 종의 죄를 사하여 주옵소서. 내가 심히 미련하게 행하였나이다"(대상 21:8). 다윗은 죄사함을 받았지만, 죄의 결과는 가혹했다: "이에 여호와께서 이스라엘 백성에게 온역을 내리시매, 이스라엘 백성의 죽은 자가 칠만이었더라"(대상 21:14). 하나님의 선택된 백성의 지도자로서 다윗은 온전한 신뢰의 삶을 보여 주는 모범이 되었어야 했었던 것이다.

하나님은 우리가 마음 깊은 곳에서 우러나오는 온전한 헌신을 보이기를 원하고 기대하신다. 그것은 우리가 가진 모든 사랑과 신뢰를 드리는 것을 의미한다. 그분은 우리 인생의 길을 정하시고 그 안에서 승리하는 데 필요한 능력을 공급하신다. 우리가 하는 모든 일 가운데 그분께 영광과 존귀를 드리자. 우리의 눈을 영원히 그리스도께만 고정시키고 잘못된 곳에 신뢰를 두는 죄를 범하지 말자.

# 네가 어디 있느냐

사단은 하와를 속여 하나님의 명령을 거역하게 만든다. 처음에는 하나님이 하신 말씀의 내용을 의심하게 했고, 그 다음에는 하나님을 아예 거짓말쟁이로 만들어버린다.

하와는 그것이 자기에게 가장 유익한 길이라며 불순종을 합리화 했고, 금지된 나무에서 열매를 따서 자기도 먹고 남편에게도 주었다. 남편 아담도 사양하지 않고 거기에 동참했다. 그것을 먹자마자 그들은 자신들이 벌거벗은 것을 깨닫고 나뭇잎으로 몸을 가렸다.

### 창세기 3:8-9

그들이 낮이 서늘할 때에 동산에 거니시는 여호와 하나님의 음성을 듣고, 아담과 그 아내가 여호와 하나님의 낯을 피하여 동산 나무 사이에 숨은지라. 여호와 하나님이 아담을 부르시며 그에게 이르시되 네가 어디 있느냐?

"네가 어디 있느냐?"는 전지전능하신 우주의 창조자가 사용하시기에는 퍽 흥미로운 표현이다. 하나님은 아담이 어디에 숨어 있는지 정확히 알고 계셨다. 그분은 잃어버린 피조물을 찾아 "아담아, 어디 있느냐?"를 외치며 숲을 헤매신 것이 아니다. 하나님은 오히려 아담에게 직접 말씀하고 계신 것이다: "아담아, 어디 있느냐? 왜 여기 있느냐? 왜 이런 지경에까지 이르렀느냐? 너는 지금 네가 어디에 있는지, 어떻게 해서 여기까지 오게 되었는지 알고 있느냐?"

의지적으로 불순종한 아담은 두려움에 떨며 대답한다: "내가 벗었으므로 두려워하여 숨었나이다"(창 3:10). 아담은 잃어버린 바 되었다. 아담과 하와는 놀랍게도 에덴동산에 살고 있으면서 하나님과의 관계로부터 떠날 수 있는 능력을 발휘한 것이다. 사단의 꾀임에 빠질 때 이미 그들은 하나님을 떠나 혼자였고, 이제는 그들이 지은 죄가 그들을 하나님으로부터 숨게 했다.

모든 죄의 시작은 하나님과의 분리--그분의 임재로부터 벗어남--에서 온다. 그분의 임재 안에서는 죄 짓는 것이 불가능하다. 우리가 진정 "그리스도 안에" 산다면, 성령의 찔림이 너무도 커서 죄로 귀결될 유혹의 길에 들어설 수가 없다.

우리는 우리가 어디에 있는지 알고 있는가? 사도 바울은 "너희 자신을 시험하고 너희 자신을 확증하라"(고후 13:5)고 권면한다. 하나님의 임재를 떠난 삶은 거짓말에 속기 쉽고 유혹에 약하다. 죄 속에 빠진 삶은 도망하고 숨으려 해서 더 이상 하나님의 임재를 구하지조차 않을 것이다.

우리가 말하고 행동하고 생각하는 모든 것의 초점이 예수님이 되는 진정한 예배의 삶으로 돌아가자. 정직하게 우리의 삶을 시험하고 하나님과의 관계를 확인해 보자. 언제 "네가 어디 있느냐?"고 물으실지 모르는 하나님 앞을 떠나지 말고, 언제나 그분의 임재 가운데 살도록 하자.

# 검증된 삶

많이 알려져 있고 또 실제로 증명된 명제를 하나 소개하겠다: "검증되지 않은 삶은 살 가치가 없다." 만일 우리가 자신이 누구인지 또 무엇을 믿는지에 대한 평가 없이 그저 흘러가는 대로 인생을 산다면, 진정한 의미에서 살아 있다고 말할 수 없을 것이다. 그럴 듯한 외양을 갖출 수는 있을 것이다. 아마 몇 년 동안은 자기 자신은 속일 수 있을지도 모른다. 그러나 우리가 내면 깊은 곳을 들여다보고 거기서 나오는 문제를 해결하기 전에는 언제나 무엇인지 모를 공허함에서 벗어날 수 없을 것이다.

하나님은 우리 마음의 세세한 부분까지 다 알고 계신다: "지으신 것이 하나라도 그 앞에 나타나지 않음이 없고, 오직 만물이 우리를 상관하시는 자의 눈 앞에 벌거벗은 것 같이 드러나느니라" (히 4:13). 하나님 아버지께서는 우리가 스스로를 "아들의 형상을 본 받은" (롬 8:29) 존재로 자각하기를 바라신다.

자신의 마음을 들여다보며 계속해서 숨겨진 동기들과 교만, 이기심 등을 발견하게 될 때, 우리는 자기 자신을 다 이해할 수 없을 것 같다고 생각할 수도 있다. 사실 하나님께서 성도들에게 풍성하게 부어 주시는 성령의 도우심 없이 우리의 삶 가운데 감추어진 모든 어두운 단면을 찾아내기는 불가능하다.

### 시편 139:23-24

하나님이여, 나를 살피사 내 마음을 아시며, 나를 시험하사 내 뜻을 아옵소서. 내게 무슨 악한 행위가 있나 보시고, 나를 영원한 길로 인도하소서.

하나님은 그분의 말씀을 안내자 혹은 "발의 등"(시 119:105)으로 우리에게 주셨다. 말씀을 더 깊이 알게 되면, 우리는 또한 우리의 길을 인도하는 등이 우리의 마음을 드러내는 것을 보게 된다: "사람의 영혼은 여호와의 등불이라. 사람의 깊은 속을 살피느니라"(잠 20:27).

하나님의 말씀으로 마음을 감찰하는 일은 고통스러울 수 있는 작업이다. 마치 전에 몰랐던 단면을 드러내기 위해 껍질을 하나 벗겨내는 것과 비슷하다: "나를 숨은 허물에서 벗어나게 하소서"(시 19:12). 그러나 각 단계마다 드러나는 껍질들을 살펴보고 해결하지 않으면 자칫 마음이 굳어져서 죄에 대해 무감각해지기 쉽다. 보다 근본적으로, 우리의 믿음을 말씀으로 점검하지 않는다면, 예수님을 통한 구원의 길에 대한 확신조차 희미해질 수도 있다.

만일 우리가 영원히 그분의 임재를 경험하며 우리 삶에서 나오는 최고의 영광과 존귀를 그분께 돌리고 싶다면, 우리는 자신--장점과 단점, 믿음과 열정--에 대해서 알기로 작정해야 한다. 우리는 그분의 말씀으로 점검받고 씻음받을 준비가 되어 있어야 한다. 우리는 검증된 삶을 살기로 작정해야 한다.

# 지성소

하나님은 아담을 지으시고 그를 에덴동산에 살게 하셨다. 거기에 있는 동안 아담은 하나님의 임재를 마음껏 누릴 수 있었다. 하나님은 아담에게 동물들의 이름을 짓게 하셨고 (창 2:19), 낮에는 실제로 그와 함께 거니셨다. 그러나 아담이 금지된 과실을 먹고 범죄하였을 때, 이 교제는 깨어졌고 인간은 하나님의 임재로부터 쫓겨났다.

하나님은 모세를 통해 이스라엘을 출애굽하게 하신 후, 그분이 거하실 성막을 만들게 하셨다. 하나님은 그 중 지성소를 두게 하시고 휘장으로 성막의 나머지 부분과 분리하게 하셨다.

### 레위기 16:2

여호와께서 모세에게 이르시되, 네 형 아론에게 이르라. 성소의 장 안 법궤 위 속죄소 앞에 무시로 들어오지 말아서 사망을 면하라. 내가 구름 가운데서 속죄소 위에 나타남이니라.

지성소는 대제사장--아론의 혈통에서 난 레위인--만이 일 년에 한 번 대속죄일에만 들어갈 수 있었다. 대제사장은 백성들의 죄를 속하기 위해 염소의 피를 가지고 지성소에 들어갔다 (레 16:15).

하나님은 우리를 너무도 사랑하셔서 우리 죄에 대한 마지막 속죄물로 그분의 아들을 보내셨다: "염소와 송아지의 피로 아니하고 오직 자기 피로 영원한 속죄를 이루사 단번에 성소에 들어 가셨느니라"

(히 9:12).

예수님이 십자가에 달려 죽으실 때, "성소 휘장이 위로부터 아래까지 찢어져" (마 27:51) 둘이 되었다. 그분의 희생은 우리에게 언제나 하나님의 임재 안으로 들어갈 수 있는 길을 열어 주었다: "그러므로 형제들아, 우리가 예수의 피를 힘입어 성소에 들어갈 담력을 얻었나니" (히 10:19).

천지를 창조하시기도 전에--하늘의 별이나 바다의 경계나 어떤 생명체를 만드시기도 전에--하나님께서는 우리가 영원히 그분의 임재 안에서 살게 할 계획을 갖고 계셨다. 역사가 시작되기도 전에, 예수님의 십자가는 그분의 계획 가운데 포함되어 있었다.

하나님께서는 손을 내밀어 우리가 그분께 가까이 가도록 부르신다. 그분은 아들의 대속을 믿는 믿음을 통해 당신의 임재로 우리를 초청하신다. 우주의 창조자가 직접 우리 마음의 문을 두드리신다: "볼지어다, 내가 문 밖에 서서 두드리노니, 누구든지 내 음성을 듣고 문을 열면, 내가 그에게로 들어가 그로 더불어 먹고, 그는 나로 더불어 먹으리라" (계 3:20). 오늘 당장 문을 열고 그분의 임재 안으로 들어가자. 지성소로 들어가 그 안에 거하자.

# 순종하며 섬김

주전 1010년 경 사울이 죽은 후 다윗이 유다의 왕이 된다. 그리고 칠 년 후에는 온 이스라엘이 다윗을 왕으로 인정하기에 이른다.

다윗이 왕이 되어 처음으로 했던 일 중 하나는 아비나답의 집에 있는 법궤를 예루살렘으로 옮겨오는 것이었다. 다윗과 그의 신하들은 법궤를 나라의 중심에 둠으로 하나님의 축복을 구하기 원했다.

이것은 매우 흥분되는 일이었다. 법궤는 새 수레에 실려 운반되었고, 삼만 명이 넘는 사람들이 기쁨으로 예배하였다: "다윗과 이스라엘 온 족속이 잣나무로 만든 여러 가지 악기와 수금과 비파와 소고와 양금과 제금으로 여호와 앞에서 주악하더라" (삼하 6:5). 하지만 이런 축제의 순간 중에도 하나님은 택한 백성들에게 순종의 중요함에 대해 가르치셨다.

### 사무엘하 6:6-7

저희가 나곤의 타작 마당에 이르러서는 소들이 뛰므로 웃사가 손을 들어 하나님의 궤를 붙들었더니, 여호와 하나님이 웃사의 잘못함을 인하여 진노하사 저를 그 곳에서 치시니, 저가 거기 하나님의 궤 곁에서 죽으니라.

웃사의 의도는 좋았다. 그는 단지 법궤가 땅에 떨어지는 것을 막으려 했던 것뿐이다. 이것은 분명 열정적이며 좋은 의도를 가진 행위였음에 틀림없지만, 문제는 이것이 하나님이 지시하신 일이 아니었다는 데 있었다. 오히려 이것은 그분의 말씀에 반하는 일이었다.

하나님은 법궤를 "채"(출 25:14-15)에 꿰어 운반하도록 명하셨고, 누구든지 법궤를 만지는 사람은 죽을 것이라고 말씀하셨다 (민 4:15). 웃사는 자신이 생각하기에 필요한 행동을 했을 뿐, 진정 하나님이 원하시는 순종이 무엇인지 몰랐던 것이다.

우리는 언제나 하나님의 인도하심에 민감해야 한다. 겉으로 보기에는 경건한 행위인 것 같아도, 하나님의 뜻 밖에서 행해지면 그것은 죄이다. 겉모양으로만 선함과 거룩함의 기준을 삼아서는 안 된다. 그분의 온전하신 뜻은 우리가 그분의 임재 안으로 들어가 그 발 아래 엎드려 기도로 교통할 때 알 수 있다. 우리가 하는 모든 일에서 열정을 가지고 그분을 섬기자. 그러나 동시에 언제나 순종하며 섬겨야 함을 기억하자.

# 형통한 삶을 구함

길게 이어지는 족보의 중간에 유다 지파 사람인 야베스에 대한 설명이 몇 줄 나온다. 여기 외에는 성경 어느 곳에서도 그에 대한 기사를 찾을 수 없다. 그에 대한 이야기가 성경에 나온 이유는 아마 그가 하나님께 드린 담대한 간구와 거기에 대한 하나님의 응답 때문인 듯하다.

### 역대상 4:10

야베스가 이스라엘 하나님께 아뢰어 가로되, 원컨대 주께서 내게 복에 복을 더 하사 나의 지경을 넓히시고, 주의 손으로 나를 도우사 나로 환난을 벗어나 근심이 없게 하옵소서 하였더니, 하나님이 그 구하는 것을 허락하셨더라.

기도와 응답에 대한 말씀을 제대로 가르치는 것은 쉽지 않다. "너희가 악한 자라도 좋은 것으로 자식에게 줄줄 알거든 하물며 하늘에 계신 너희 아버지께서 구하는 자에게 좋은 것으로 주시지 않겠느냐?" (마 7:11) 이러한 본문들은 분명 많은 진리를 담고 있지만, '현세적 기복 신앙'만을 외친 사람들에 의해 '하나님은 모든 사람들이 부자가 되기를 원하시므로 우리는 구하기만 하면 된다'는 식으로 왜곡되기도 했다. '부르기만 하면 다 가질 수 있다'는 식의 논리는 사실이 아니다.

물론 하나님은 우리가 잘 되기를 원하신다: "나 여호와가 말하노라. 너희를 향한 나의 생각은 내가 아나니, 재앙이 아니라 곧 평안이요, 너희 장래에 소망을 주려하는 생각이라" (렘 29:11). 그리고 그분이 우리가 구하기를 원하시는 것도 사실이다: "너희가 욕심을 내어도 얻지 못하고, 살인하며 시기하여도 능히 취하지 못하나니, 너희가 다투고 싸우는도다. 너희가 얻지 못함은 구하지 아니함이요, 구하여도 받지 못함은 정욕으로 쓰려고 잘못 구함이니라" (약 4:2-3). 하나님이 우리를 형통하게 할 계획을 갖고 계심에도 우리가 성공하지 못하는 이유는 바른 동기로 구하지 않기 때문일 수 있다.

우리가 위 구절들을 제대로 이해하기 위해서는 먼저 하나님이 정의하시는 형통이 무엇인지 알아야 한다. 거룩한 형통은 재정상태나 소유재산과 아무 상관이 없다. 오히려 내적 평안, 그리고 궁극적 만족과 밀접한 관계가 있지요. 형통한 삶이란 또한 많은 열매를 맺는 삶이다. 하나님이 주신 과제를 완성해내는 삶이다.

형통한 삶은 하나님께 가까이 나와 그분의 임재 안에 머무는 데서 시작된다. 먼저 그분의 임재 안에 거하지 않으면 무엇을 구해야 하는지조차 알 수 없다. 무엇이 우리를 진정으로 '형통'하게 하는지를 모르기 때문이지요. "또 여호와를 기뻐하라. 저가 네 마음의 소원을 이루어 주시리로다" (시.37:4). 우리가 하나님께 가까이 가면 그분은 우리에게 진정한 의미의 형통에 이를 길을 알려 주실 것이고, 그때 우리는 그것을 구하면 된다. 기도하고 그것에 대한 응답을 기다리는 과정이야말로 우리의 믿음을 연습하고 더욱 진실 되게 만드는 작업이다.

하나님께서 우리의 지경--그분의 나라에서 우리의 영향력이 미치는 영역--을 넓히도록 기도하자. 우리가 환난에서 벗어나, 말하고 행하는 모든 것을 통해 위대한 일들을 이룰 수 있기를 간구하자. 하나님께 나아가 형통한 삶을 달라고 담대하게 요청하자.

# 축복을 팔지 않음

이삭이 육십 세 되었을 때, 그의 아내 리브가는 쌍둥이 형제를 낳았다. 아우 야곱은 형 에서의 발꿈치를 잡고 나왔다 (창 25:26). 에서는 솜씨 좋은 사냥꾼이 되었고, 야곱은 주로 집에서 어머니를 도왔다.

그 당시 장남에게는 장자의 명분이라는 것이 주어졌다. 이를 가진 사람은 두 배의 유산을 받고 가족의 지도자가 될 수 있었다. 이것은 원하면 양도할 수 있었는데, 그렇게 하면 이후의 모든 특권도 함께 잃어버렸다.

### 창세기 25:29-32

야곱이 죽을 쑤었더니, 에서가 들에서부터 돌아와서 심히 곤비하여 야곱에게 이르되, 내가 곤비하니 그 붉은 것을 나로 먹게 하라 한지라. 그러므로 에서의 별명은 에돔이더라. 야곱이 가로되 형의 장자의 명분을 오늘날 내게 팔라. 에서가 가로되 내가 죽게 되었으니, 이 장자의 명분이 내게 무엇이 유익하리요?

에서는 혈기왕성한 젊은이로 '순간'을 좇아 사는 사람이었다. 그는 장자의 명분을 붉은 죽 한 그릇에 팔아버렸다. 장래의 축복보다 지금 이 순간의 만족에 더 큰 가치를 두었던 것이다. 그는 장래의 축복을 경시하는 자신을 정당화하기 위해 현재의 필요를 지나치게

과장했다. 이 힘 좋은 사냥꾼은 물론 배가 고팠을 것이다. 아주 많이 고팠을지도 모른다. 그러나 그렇다고 굶어 죽을 상황은 결코 아니었다.

오늘날에도 비슷한 거래가 많이 벌어진다. 자녀가 가출을 하는 것은 부모와의 소중한 관계를 즉각적인 자유가 주는 쾌락에 파는 것이다. 결혼한 사람이 부정한 관계를 맺는 것은 하나님이 귀히 여기시는 연합을 육체의 쾌락에 파는 것이다.

우리가 주님 앞에 잠잠히 기다리지 못하고 직장이나 일, 인간 관계나 경제 문제에 있어서 성급한 결정을 하는 것은 하나님의 완전한 뜻이 가져다 줄 축복을 팔아먹는 것과 같다.

오늘 우리는 어떤 죽에 목을 메고 있는가? 하나님은 예수님을 믿고 죄사함을 받아 매일 그분의 빛 가운데 사는 사람들에게 놀라운 축복을 약속하셨다. 그분은 우리에게 참 자유와 평안, 인생의 목적과 궁극적 만족, 그리고 영생을 주시겠다고 약속하셨다. 세상이 주는 즐거움은 결국 다 사라지고 만다: "우리의 돌아보는 것은 보이는 것이 아니요 보이지 않는 것이니, 보이는 것은 잠간이요 보이지 않는 것은 영원함이니라" (고후 4:18). 매일 하나님의 임재 안에 살며 우리 삶의 모든 부분을 순결하고 거룩한 예배로 올려 드리자. 온 마음을 다해 그분을 사랑하며 받은 축복을 결코 팔지 말자.

# 영원을 맛봄

그리스도인의 삶에 있어서 우리는 영원에 대한 개념을 가질 필요가 있다. 영원이라는 시간표 속에서, 현재의 어려움을 천국에서 누릴 영원한 영광에 비추어 생각할 수 있어야 한다. 불행하게도 많은 성도들이 이러한 시각을 가지고 힘과 위로를 얻고 있는 것 같지 않다. 그 이유는 관념적으로는 아는데 그것을 구체화할 근거를 가지고 있지 못하기 때문인 듯하다.

안타까운 일이지만 이해는 된다. 우리가 천국을 바라보는 데 있어서 어떠한 실제적인 기초도 갖고 있지 않다면, 어떻게 영원에 대한 묵상이 현재의 문제를 "가볍고 일시적인"(고후 4:17) 것으로 느껴지게 할 수 있겠는가? 믿음은 분명히 "바라는 것들의 실상"(히 11:1)이다. 하지만 먼저 우리가 바라는 것이 무엇인지를 제대로 이해하지 않고서 믿음이 우리의 삶에 강한 영향을 끼치기를 바라기란 애초에 불가능하다.

야곱이 라헬을 만났다. 그들은 즉시 사랑에 빠졌고, 야곱은 그녀를 아내로 맞기 위해 칠 년을 일하기로 약속한다.

**창세기 29:20**

야곱이 라헬을 위하여 칠 년 동안 라반을 봉사하였으나, 그를 연애하는 까닭에 칠년을 수일 같이 여겼더라.

  야곱은 수년 동안 힘들게 일했다. 그러나 사랑하는 사람과 함께 있을 것을 소망하는 마음은 모든 어려움을 이기게 하기에 충분했다. 그는 매일 라헬의 아름다운 모습을 볼 수 있었다. 많은 시간 그녀를 품에 안는 꿈을 꾸었는지도 모른다. 야곱에게는 라헬만이 만족시킬 수 있는 갈증이 있었다. 야곱은 그가 바라는 것이 무엇인지 정확히 알고 있었고, 이것은 그에게 큰 위로를 주었다.

  하나님은 그의 아들을 우리에게 주심으로 우리를 영원히 이어지는 풍성한 사랑의 관계로 부르셨다. 그러나 하나님은 우리에게 맹목적으로 기다리라고 요구하지 않으신다. 그분은 우리를 자신의 임재 안으로 부르시고, 바로 지금 그분을 알 수 있는 능력을 주신다. 우리는 그분을 직접 대면하기 전까지는 결코 천국의 비밀을 다 알 수 없다. 하지만 하나님은 우리가 그분께 가까이 가기만 하면 그것을 조금씩 맛볼 수 있게 하신다.

  영원히 교제하며 섬길 그분을 아는 일에 우리의 인생을 걸어 보자. 그분에게만 우리의 소망이 있다. 기도와 말씀을 통해 하나님 아버지의 성품을 배우자. 모든 것을 태울 수 있는 사랑을 추구하자. 이 사랑은 그분의 임재 안에서만 완성될 수 있다. 하나님께 나아가 영원을 맛보고 즐거워하며 위로와 힘을 얻자.

# 가까이 오라고 도전함

신약성경의 많은 부분은 바울의 편지들로 이루어져 있다. 이 편지들은 믿음에 대하여 가르치고 환란을 견디도록 권면하기 위해 쓰여졌다. 바울은 자주 복음의 단순한 메시지를 강조했다: "너희가 그 은혜를 인하여 믿음으로 말미암아 구원을 얻었나니, 이것이 너희에게서 난 것이 아니요 하나님의 선물이라" (엡 2:8). 그렇지만 그는 또한 믿는 성도들에게 봉사와 거룩과 연합을 이루는 삶을 살도록 격려했다.

우리가 그리스도를 구원자와 주님으로 받아들일 때, 우리는 새로운 삶을 시작한다. 죄의 속박으로부터 해방되어 (롬 6:22) "아들의 형상"을 본받기 위해 (롬 8:29) 그분을 따른다. 그러나 바울은 그리스도인의 삶에서 낙오된 채 장 외에 앉아 있는, 누구보다도 절실히 위로가 필요한 성도들을 보았다.

### 에베소서 4:1

그러므로 주 안에서 갇힌 내가 너희를 권하노니, 너희가 부르심을 입은 부름에 합당하게 행하여.

바울은 그리스도인들이 마땅히 살아야 하는 가치 있는 삶을 '권하는' 방법으로 이들을 격려하고 있다. 본문의 '권한다'는 단어는 탄원, 간청, 애원, 권면, 도전 등의 많은 뜻을 내포하고 있다. 여기서 바울은 등을 두드리며 "잘하고 있어. 계속 열심히 달리게"라는 정도로 말하고 있는 것이 아니다. 이것은 하나님께 가까이 나아가 전적으로 헌신하기를 촉구하는 도전이다.

### 로마서 12:1

그러므로 형제들아, 내가 하나님의 모든 자비하심으로 너희를 권하노니, 너희 몸을 하나님이 기뻐하시는 거룩한 산 제사로 드리라. 이는 너희의 드릴 영적 예배니라.

오늘 하나님은 우리를 도전하고 계신다. 더 깊이 그분을 신뢰하고 더 많이 그분께 말씀드리며, 더 열심히 그분의 임재를 구하도록 말이다. 우리가 그분의 길로만 행하며 세상의 거짓말에 속지 말도록, 그리고 마음과 목숨과 뜻과 힘을 다해 그분을 사랑하도록 도전하고 계신다 (막 12:30). 오늘 하루도 많은 과제들과 씨름할 때, 우리가 받은 부르심에 합당한 삶을 살며 가까이 나오라는 주님의 도전에 응답하자.

# 틈이 있으면 찾는 신

바울이 구속되고 벨릭스 총독의 심문을 받기 위해 가이사랴로 호송된다. 재판 도중에 바울은 그가 어떻게 하나님을 섬기는가를 설명하고 하나님의 말씀을 전한다. 벨릭스는 바울을 계속 가두어 두었지만, 가끔 그를 불러서 믿음에 대한 이야기를 들었다.

### 사도행전 24:24-25

수일 후에 벨릭스가 그 아내 유대 여자 드루실라와 함께 와서 바울을 불러 그리스도 예수 믿는 도를 듣거늘, 바울이 의와 절제와 장차 오는 심판을 강론하니, 벨릭스가 두려워하여 대답하되 시방은 가라. 내가 **틈이 있으면** 너를 부르리라.

벨릭스 총독은 당대 최고의 신학자--예수님을 제외하고--로부터 복음을 들을 기회가 있었음에도 불구하고 들은 바를 내면화하고 실천하는 데 실패했다.

헤롯 왕은 자신의 결혼에 대하여 비판--그는 자기 동생의 아내와 결혼했다--하는 세례 요한을 옥에 가두었다. 헤롯은 요한을 죽이고 싶어했지만, 동시에 그가 의롭고 거룩한 사람임을 알았기 때문에 그를 존중하고 두려워했다: "그의 말을 들을 때에 크게 번민을 느끼면서도 달게 들음이러라" (막 6:20). 헤롯은 요한이 전하는 직설적인 회개의 복음을 좋아했으나 거기에 반응하는 데는 실패했다.

빌라도는 하나님의 아들을 직접 만났다. 예수님은 그에게 직접 당신이 유대인의 왕이며 하나님의 특별한 사랑을 받는 존재라는 사실을 설명해 주셨다: "위에서 주지 아니하셨더면 나를 해할 권세가 없었으리니" (요 19:11). 빌라도는 예수님의 말씀 속에서 죄를 찾지 못해 그분을 풀어 주려고 재판에 회부했다 (요 19:12). 그러나 결국 빌라도는 그가 들은 진리에 합당하게 행동하는 데 실패했다.

오늘날 우리들 중 대부분은 완전한 종교의 자유를 누린다. 우리는 자유롭게 성경을 읽을 수 있고 진리를 선포하는 교회를 찾아 출석할 수 있다. 그러나 얼마나 자주 우리는 이 권리를 바르게 사용하는 데 실패하고 있는가? 차갑고 기계적인 우리의 종교적 행위 때문에 얼마나 자주 믿지 않는 사람들이 교회로부터 등을 돌리고 있는가? "이 백성이 입으로는 나를 가까이하며, 입술로는 나를 존경하나, 그 마음은 내게서 멀리 떠났나니, 그들이 나를 경외함은 사람의 계명으로 가르침을 받았을 뿐이라" (사 29:13).

만일 우리의 예배가 우리 삶의 전 영역을 지배하지 못한다면 우리는 아직 하나님을 인생의 왕좌에 모시지 않은 것이다. 우리는 모든 일에 있어 그분을 신뢰해야 한다. 그분의 말씀에 대한 열정과 아울러 행동을 향한 단호한 의지가 필요하다. 우리는 일주일에 한 번이 아니라 매일 그분의 임재를 사모해야 한다.

하나님을 잘 쓰지 않는 물건처럼 선반 위에 올려놓거나 위급한 일이 터졌을 때만 찾는 우를 결코 범하지 말자. 그분은 온 우주의 창조자로서 우리의 전적인 예배를 받을 분이시다. 절대로 우리의 하나님 아버지를 "틈이 있으면" 찾는 신으로 전락시키지 말자.

# 열정적인 예배

"틈이 있으면 찾는 신"편에서 우리는 매일 하나님과 함께 걸으며 결코 그분을 "선반 위에 올려놓지" 않는 진정한 예배자가 되도록 권면 받았다. 우리는 결코 마음은 멀리 떠난 채 입술로만 예배하는 사람이 되어서는 안 된다 (사 29:13). 우리는 헌신과 사랑의 관계에서 떠나 이기적인 편안함 속에 빠져들지 않도록 조심해야 한다.

그렇다면 어떻게 해야 이런 위험으로부터 안전할 수 있을까? 우리가 옆길로 빠지는 것을 어떻게 인식할 수 있을까?

그 척도는 바로 열정이다. 하나님과의 관계는 머리로 알 수 있는 것이 아니다. 마음이 새롭게 되는 일이 선행되어야 한다. 이것은 우리의 마음이 그분의 것이 되는 성령의 역사로부터 시작된다. 그리고 이것은 새로운 열정으로 이어져, 그분께 온 마음을 드리기를 소원하는 수준에 이르러야 한다.

다윗의 왕국은 반역으로 엉망이 되었다. 왕위에 오르려는 아들 압살롬에게 쫓겨, 아버지 다윗은 광야로 도망하였다. 평생의 과업이 물거품이 되고 머물 처소나 예배할 장소도 없이 쫓겨다니는 신세가 된 다윗이었지만, 그는 하나님께로 눈을 돌려 성도가 품어야할 거룩한 열정의 모범을 우리에게 보여 주고 있다.

## 시편 63:1-4

하나님이여, 주는 나의 하나님이시라. 내가 간절히 주를 찾되 물이 없어 마르고 곤핍한 땅에서 내 영혼이 주를 갈망하며, 내 육체가 주를 앙모하나이다. 내가 주의 권능과 영광을 보려 하여 이와 같이 성소에서 주를 바라보았나이다. 주의 인자가 생명보다 나으므로 내 입술이 주를 찬양할 것이라. 이러므로 내 평생에 주를 송축하며, 주의 이름으로 인하여 내 손을 들리이다.

삶의 매순간마다 항상 이런 수준의 열정을 유지하기는 쉽지 않겠지만, 이것이 바로 우리가 누리도록 부름받은 관계의 수준이다. 이것이 바로 예배이다. 그분의 임재 안에서 걷는 것과 비교할 때, 이 세상은 "마르고 곤핍한 땅"임을 깨달아야 한다. 우리는 목숨보다도 하나님의 사랑을 더 사모해야 한다.

만일 이런 관계가 생소하거나 혹은 과격하게 들린다면, "여호와의 선하심을 맛보아"(시 23:8) 알 수 있게 되기를 축원한다. 당신이 자리에서 일어나 믿음으로 하나님께 더 가까이 가기만 하면, 그분이 부어 주시는 풍성한 축복을 받게 될 것이다. 만일 당신이 이 관계에 대해서 알고는 있었지만 처음의 열정이 식은 상태라면 다시 돌아오기를 권면한다. 당신이 이미 알고 있는 참된 만족이 있는 자리로, 영원한 가치가 있는 자리로 돌아오라. 한걸음 더 가까이 나아가 열정적으로 예배하자.

# 믿음의 대상

히스기야는 북왕국 이스라엘이 앗수르에 의해 멸망된 후 얼마 지나지 않아 남유다의 왕이 되었다. 유다도 같은 적에 의해 위협을 당하는 상황이었다. 히스기야는 하나님 앞에서 옳은 일을 하고 싶은 강한 소원을 가진 젊은 왕이었고, 그의 믿음은 시험대에 올랐다.

앗수르의 강력한 군대의 공격에 대비하여 히스기야는 애굽과의 동맹을 추진하였다. 이 시도 자체가 나쁜 것은 아니었지만, 이것은 두려움 속에서 하나님께 여쭈어보지도 않고 한 행동이었으며 또 그렇기 때문에 죄였다. 이사야 선지자는 강력하면서도 지혜로운 조언으로 이 사실을 명백하게 지적한다.

### 이사야 31:1

도움을 구하러 애굽으로 내려가는 자들은 화 있을진저, 그들은 말을 의뢰하며, 병거의 많음과 마병의 심히 강함을 의지하고, 이스라엘의 거룩하신 자를 앙모치 아니하며, 여호와를 구하지 아니하거니와.

히스기야가 했던 똑같은 실수를 오늘날 많은 성도들이 반복하고 있다. 우리는 하나님의 말씀을 믿는다고 말은 하면서도 삶의 시련 속에서 진정으로 그분을 신뢰하지 못한다. 히스기야에게 있어서, '눈에 보이는' 애굽의 말과 병거를 의지하는 것이 그가 '믿긴 하지만 눈에 보이지 않는' 전능하신 하나님을 의지하는 것보다 훨씬 쉬웠다.

그러나 앗수르가 실제로 공격해 왔을 때 히스기야의 믿음은 훨씬 더 자라 있었다. 그는 군대 앞에서 행한 연설에서 하나님에 대한 전적인 신뢰를 나타냈다.

### 역대하 32:7-8

너희는 마음을 강하게 하며, 담대히 하고, 앗수르 왕과 그 좇는 온 무리로 인하여 두려워 말며, 놀라지 말라. 우리와 함께 하는 자가 저와 함께 하는 자보다 크니, 저와 함께 하는 자는 육신의 팔이요, 우리와 함께 하는 자는 우리의 하나님 여호와시라. 반드시 우리를 도우시고, 우리를 대신하여 싸우시리라 하매, 백성이 유다 왕 히스기야의 말로 인하여 안심하니라.

원수가 공격해 올 때, 우리는 어디로 달려가는가? 만일 우리의 믿음이 주일 아침 예배당 안으로만 한정되어 있다면, 우리는 전투에 효과적으로 임할 수 없다. 우리는 매일 그리고 하루 종일 하나님의 임재 안에서 걸으며 그분과 대화하는--그분을 예배하는--법을 배워야 한다.

우리가 온 마음을 다해 그분을 신뢰하고 사랑할 때, 우리는 어떤 일의 물리적인 결과와 상관없이 승리하는 삶을 살기 시작할 것이다. 예수님께 초점을 맞추었다면, 전쟁은 이미 이긴 것이다. 여러 가지 공격을 당할 때, 우리의 믿음에 실체를 불어넣어 삶 전체로 우리 믿음의 대상이신 그분을 증거해 보이자.

# 성소로 들어가

시편 73편에서 시인은 그가 이 세상에서 보는 일들에 대한 깊은 좌절감을 토로한다. 그는 악인이 태평하게 성공하는 것을 이해할 수 없었다. "이는 내가 악인의 형통함을 보고 오만한 자를 질시하였음이로다" (시 73:3). 그는 거룩한 가치를 지키려고 노력했던 시간들을 아깝게 느꼈을지도 모른다. "내가 내 마음을 정히 하며 내 손을 씻어 무죄하다 한 것이 실로 헛되도다" (시 73:13).

그는 이런 문제들에 대해 해답을 구했지만, 하나님의 임재 안에서 예배하기 전까지는 그것을 찾을 수 없었다.

### 시편 73:16-17

내가 어찌면 이를 알까 하여 생각한즉 내게 심히 곤란하더니, 하나님의 성소에 들어갈 때에야 저희 결국을 내가 깨달았나이다.

우리 삶 속에는 인간의 지혜나 생각만으로는 도저히 해결할 수 없는 문제들이 많이 있다. 우리는 처해진 상황을 이해하고 적절한 해결 방안을 찾으려고 노력해 보지만, 대부분의 경우 고개를 흔들며 포기하고 만다. 좌절감이 느껴질 때 우리는 온 우주를 만드신 하나님의 자녀임을 기억해야 한다.

우리의 하나님 아버지께서는 인간이 만든 법칙에 따라 움직이는 분이 아니다. 그리고 대부분의 경우 그분이 하시는 일을 인간의 생각으로 이해하기란 불가능하다: "하늘이 땅보다 높음 같이 내 길은 너희 길보다 높으며, 내 생각은 너희 생각보다 높으니라" (사 55:9). 하나님의 방법을 이해하기 위해서 우리는 계산적인 생각을 내려놓고 완전한 신뢰를 드려 그분을 예배해야 한다: "여호와를 경외하는 것이 지식의 근본이어늘" (잠 1:7).

우리가 그분의 성소에 들어가 예배할 수 있게 되면--"비천에 처할 줄도 알고 풍부에 처할 줄도 알아, 모든 일에 배부르며 배고픔과 풍부와 궁핍에도 일체의 비결"(빌 4:12)을 깨닫게 되면--우리는 하나님의 관점에서 사물을 보게 될 것이다. 고통스러울 만큼 혼란스럽고 파편적으로 보였던 우리 삶의 조각들이 하나님의 완전한 계획에 따라 맞아들어가는 것을 보게 될 것이다.

### 시편 73:25

하늘에서는 주 외에 누가 내게 있으리요? 땅에서는 주 밖에 나의 사모할 자 없나이다.

오직 그분만이 우리가 소원하고 필요로 하는 전부가 되시는 그 곳으로 돌아가자. 영원이라는 시간 속에서 볼 때, 실제로 그분은 우리가 가진 모든 것이 되신다. 성소로 들어가 온 마음을 다해 그분을 예배하며 그분을 알아가자.

# 그분의 임재 안에 살며

이 책에 있는 묵상들은 우리가 하나님의 임재 안에 있어야 할 필요성을 증명하고 또 우리가 그렇게 하고 싶은 소원을 가지게 하는 데 초점을 맞추고 있다. 비록 우리가 이 세상의 여러 문제들 속에 복잡하게 얽혀 있을지라도, 하나님의 자녀들은 모두 그분의 임재 안으로 부르심을 받았고 또한 그런 내적인 경향성을 가지고 있다.

우리 중 누구도 하나님이 어떤 특정한 건물에 계시다고 생각하지는 않을 것이다. 그분은 우리가 모여서 노래하면 짠하고 "나타나시는" 분도 아니다. 우리가 기뻐 뛴다고 "나타나시는" 분도 아니다.

## 마태복음 28:20

내가 세상 끝날까지 너희와 항상 함께 있으리라.

하나님의 임재는 바로 지금 우리와 함께 있다. 그렇지만 대부분 성도들은 매일 그분의 임재 안에서 사는 축복을 경험하지 못하고 있다. 이것은 매우 슬픈 일이다. 하나님은 우리가 생각하는 것보다 훨씬 더 우리와 가까이 계시고, 우리가 느끼는 것보다 훨씬 더 우리와 깊이 교제하기를 원하신다. 그리고 우리가 그분의 임재 안에 계속 거할 때, 우리가 상상할 수 있는 것보다 훨씬 더 풍성한 축복을 부어 주실 것이다.

우리는 단지 성령의 인도하심에 우리 마음을 열고 그분의 임재 안으로 들어가기만 하면 된다. 이것은 끊임없이 하나님과 대화하는 가운데, 모든 생각과 말과 행동을 최선을 다해 사랑의 제사를 드림으로 가능해진다. 우리가 하는 모든 행위는 하나님 아버지에 대한 사랑과 그분을 영화롭게 하려는 목적으로 이루어져야 한다.

비현실적으로 들릴지 모르겠지만 이것이 하나님이 원하시는 그리고 마땅히 받으셔야 할 예배이다.

만일 우리에게 선택권이 있다면, 우리는 당연히 하나님의 임재 안에서 걷는 삶을 택하지 않겠는가? 그렇다면 지금 당장 시작하자. 처음에는 많은 훈련이 필요할 것이다. 생각이 혼란스러워져서 그분의 임재로부터 벗어나는 일도 많을 것이다. 그럴 때에도 실망하지 말라. 그냥 다시 제자리로 돌아가 그분께 온 마음을 드리며 진행하면 된다. 그분의 임재 안에 더 많이 있을수록 우리는 그분을 더 잘 알게 되고, 더 편안하게 또 더 많이 그분을 사랑하게 될 것이다.

하나님의 임재는 그리스도인이라면 누구나 누릴 수 있다. 어떤 직장을 가졌고 어떤 가정 환경 속에 있는지와 상관없이, 하나님은 누구라도 그분과 함께 동행하기 원하는 사람과 항상 함께 하겠다고 약속하셨다. 우리의 모든 행위와 말과 생각을 통해 그분께 영광과 존귀를 드리겠다고 결심하자. 우리에게 남은 모든 삶을 그분의 임재 안에서 살기로 작정하자.

# 도서출판 세 복의 발간 도서

## <u>간증 서적</u>

### 나는 어떻게 예수님을 만났는가?
홍성철 편집 / 신국판 / 초판 1쇄, 개정판 8쇄 / 328쪽 / 7,000원
각계 각층에서 그리스도의 향기를 진하게 풍기고 있는 21명의 신앙 고백 간증집. 전도
용 선물로 최적인 책.

### *How I Met Jesus*
John Sung-Chul Hong Ed. / 신국판 / 초판 1쇄 / 296쪽 / $9.99
『나는 어떻게 예수님을 만났는가?』의 영어판. 한국 평신도 남녀 각 5인씩, 한국 목사
5인 및 외국인 5인의 신앙 고백서.

### 사망의 골짜기를 지날지라도
볼레터 스틸 크럼리 지음 / 유정순 옮김 / 신국판 / 초판1쇄 / 158쪽 / 4,500원
말로 다 표현할 수 없는 인간의 비극 가운데서 하나님의 평강을 발견한 저자의 믿음과
용기에 관한 능력 있는 체험적인 이야기.

## <u>경건 서적</u>

### 하나님의 회초리  능력을 위한 사랑의 매
스탠리 탬 지음 / 성미영 옮김 / 신국판 / 초판 1쇄 / 234쪽 / 6,500원
어떻게 하나님의 능력을 갖게 되고, 기도의 응답을 받으며, 매일 당면하는 문제를 초월
하여 승리하고, 열매 맺는 삶을 누릴 수 있는지를 체험적으로 쓴 책.

### 그리스도의 마음
데니스 킨로 지음 / 홍성철 옮김 / 신국판 / 초판 1쇄 / 188쪽 / 6,000원
성령이 믿는 자에게 주시는 "그리스도의 마음"이 의미하는 바가 무엇인지를 잘 설명해
주는 책.

### 날마다 솟는 샘
존 T. 시먼즈 지음 / 이영기 옮김 / 크라운판(양장본) / 초판 1쇄 / 378쪽 / 12,000원
사복음서에 나타난 예수님의 삶과 가르침을 통하여 일 년 동안 큐티를 위한 매일의 영
적 양식으로, 녹자의 명석 삶을 풍싱하게 해 주는 책.

### 기적을 만드는 사람들
워렌 위어스비 지음 / 구교환 옮김 / 신국판 / 초판 1쇄 / 182쪽 / 6,000원
사도로 변화된 베드로의 이야기를 통해 현대의 그리스도인들이 하나님의 기적을 만들
며 살아가도록 도전하는 책.

### 첫 걸음부터 주님과 함께
션 던 지음 / 전현주 옮김 / 신국판 / 초판 1쇄 / 112쪽 / 3,500원
반복되는 일시적인 결단의 공허함을 극복할 수 있는 원리를 제시하며, 그 원리를 삶에
적용할 때 믿음의 진보와 주님과 하나 되는 매일의 삶으로 인도하는 책.

### 너희는 나를 누구라 하느냐?
존 T. 시먼즈 지음 / 홍성철 옮김 / 신국판 / 초판 1쇄 / 198쪽 / 6,500원
예수님의 인격과 비유와 기적을 통해 "너희는 나를 누구라 하느냐?"에 대한 질문을 신학적으로나 신앙적으로 명쾌하게 제시한 책.

### 십자가 앞에서
리차드 바우크햄, 트레보 하트 지음 / 김동욱 옮김 / 신국판 / 초판 1쇄 / 156쪽 / 5,000원
십자가 앞에 서 있던 열한 명의 삶의 관점에서 십자가를 묵상하므로 우리의 삶을 깊이 있게 변화시켜 줄 것을 기대할 수 있는 책.

### 하나님의 임재를 연습하라
로렌스 형제 지음 / 스티브 트락셀 편집 / 류명욱 옮김 / 신국판 / 초판 1쇄 / 172쪽 / 6,500원
일상 생활 속에서 하나님을 사랑하라는 명령을 실천하는 것이 무엇인가를 보여 주어 하나님의 임재 안에서 사는 법을 훈련할 수 있는 명저.

## 성령 서적

### 성령의 충만을 받으라
존 T. 시먼즈 지음 / 홍성철 옮김 / 신국판 / 재판 4쇄 / 152쪽 / 4,000원
성령의 충만과 능력을 갈구하는 모든 그리스도인에게 그 방법을 단계적으로 제시해 주는 책.

### 성령과 동행하라
스티븐 하퍼 지음 / 홍성철 옮김 / 신국판 / 초판 3쇄 / 224쪽 / 5,500원
기독교 영성이 무엇이며, 또 어떻게 그 영성을 체험하고 유지할 수 있는지에 대한 좋은 안내자가 되는 책.

### 성령 안에서 설교하라
데니스 F. 킨로 지음 / 홍성철 옮김 / 신국판 / 초판 3쇄 / 176쪽 / 4,500원
방법과 기교를 강조하는 현대 설교에서 성령의 임재를 다시 회복할 수 있는 설교의 원리와 방법을 분명하게 제시하는 책.

### 성령님, 나를 변화시켜 주세요　그리고 사용하여 주세요
커리 매비스 지음 / 홍성철 옮김 / 신국판 / 초판 1쇄 / 180쪽 / 5,500원
분노와 죄의식 등 감정의 문제들이 어떻게 성령의 역사로 변화되어 성장할 수 있고, 주님께 쓰임받을 수 있는가를 제시하는 책.

### 성결의 아름다움
베인즈 에트킨슨 지음 / 홍성국 옮김 / 신국판 / 초판 1쇄 / 184쪽 / 5,500원
성결이라는 성경적 진리의 핵심에 직면하여 마음의 감동과 함께 성결하게 되는 것을 체험하도록 인도해 주는 책.

### 위대한 그리스도인들은 어떻게 성령의 충만을 받았는가
제임스 로슨 지음 / 홍성철 옮김 / 신국판 / 초판 2쇄 / 298쪽 / 7,000원
하나님의 장중에 사로잡혀 위대하게 살았던 역사상 위대한 20인의 감동적인 성령 충만의 체험담을 기록해 놓은 책.

## 강해 설교

### 고난 중에도 기뻐하라 (빌립보서 강해 설교)
홍성철 지음 / 신국판 / 초판 2쇄 / 506쪽 / 10,000원
고난 중에도 기뻐할 수 있는 사도 바울의 비결을 성경적으로 파헤치고, 목회적으로 제시한 41편의 강해 설교집.

### 우리에게 일용할 양식을 주소서 (주기도문 강해 설교)
홍성철 지음 / 신국판 / 초판 2쇄 / 228쪽 / 6,000원
주기도문에 나타난 하나님의 영광과 우리의 필요를 깊이 조명시켜 주는 17편의 강해 설교집.

### 눈물로 빚어 낸 기쁨 (룻기 강해)
홍성철 지음 / 신국판 / 초판 1쇄 / 182쪽 / 6,000원
룻기에 감겨진 아름다운 이야기를 새로운 각도로 접근하여 전개한 강해집.

### 심령의 호소를 들으시는 하나님 (시편 강해 1-23편)
이태웅 지음 / 신국판 / 초판 1쇄 / 304쪽 / 7,500원
시편을 기록한 지 수천 년이 지났으나, 시편 기자들이 경험한 변함없는 하나님의 실재와 냉험한 세상의 현실 사이에서 의에 주리고 목말라하는 사람에게 한 모금의 냉수와 같은 책.

### 요한복음 강해 (I-IV)
강선영 지음 / 신국판(양장본) / 초판 1쇄 / 590쪽 / 권당 12,000원
저자가 6년여 동안 요한복음을 연구하며 설교한 것을 정리하여 펴낸 강해 설교집.

### 알기 쉬운 히브리서 (히브리서 강해)
네일 라이트푸트 지음 / 홍성철 옮김 / 신국판 / 초판 1쇄 / 244쪽 / 7,500원
대제사장이요 단번에 드려진 속죄물이신 예수 그리스도를 소개하여 모든 그리스도인들의 신앙을 깊게 하며 예수 그리스도를 깊이 만나게 하는 명저.

## 워크북 시리즈

### 죽음에 이르는 죄  어떻게 극복할 것인가
맥시 더남, 킴벌리 더남 레이스먼 지음 / 서대인 옮김 / 신국판 / 초판 1쇄 / 288쪽 / 7,000원
피할 수 없는 일곱 가지 죄가 우리의 삶에 어떻게 나타나며, 이러한 죄를 다루는 방법을 제시하여 죄를 극복하게 하는 책.

### 중보기도
맥시 더남 지음 / 구교환 옮김 / 신국판 / 초판 1쇄 / 266쪽 / 7,000원
본서는 중보기도의 이해를 도울 뿐만 아니라, 개인이나 그룹이 중보기도를 실제로 하게 하기 위한 구체적이고 실제적인 지침서.

### 성령의 열매와 생활
맥시 더남, 킴벌리 더남 레이스먼 지음 / 박재승 옮김 / 신국판 / 초판 1쇄 / 270쪽 / 7,000원
그리스도인의 믿음을 강화시켜 줄 재료로 일곱 가지 기본 덕목을 제시하며, 하나님이 창조하신 대로 선한 자가 되어, 독자를 성령의 열매를 맺는 생활로 안내하는 책.

### 영적 훈련

맥시 더남 지음 / 이연승 옮김 / 신국판 / 초판 1쇄 / 230쪽 / 7,000원
승리하는 그리스도인의 삶을 형성하기 위한 훈련 과정의 워크북으로, 개인적인 묵상뿐
만 아니라 소그룹에서 사용할 수 있는 훈련 교재로도 적합한 책.

### 예수님처럼 사랑하자

맥시 더남 지음 / 류명욱 옮김 / 신국판 / 초판 1쇄 / 202쪽 / 7,000원
사도 바울의 사랑장인 고린도전서 13장의 내용을 구체적으로 파악할 수 있고, 독자로
하여금 사랑할 수 있는 구체적인 사랑의 길로 인도하는 책.

## 상담 서적

### 상처난 아버지와의 관계 회복

제임스 L. 쉘러 지음 / 이기승 옮김 / 신국판 / 초판 2쇄 / 272쪽 / 7,000원
인생의 풀리지 않는 아버지와의 문제들이 무엇이며 그것을 어떻게 다루어야할지, 더
나아가 하나님 아버지께로 인도하는 책.

### 목회자의 자기 관리

로이 오스왈드 지음 / 김종환 옮김 / 신국판 / 초판 2쇄 / 276쪽 / 7,000원
자기 관리에 게으르거나 무관심한 그리스도인이 어떻게 자기 관리를 해야 하는지 구체
적으로 제시하는 책.

### 영혼을 돌보는 목자

캐롤 와이즈, 존 힝클 지음 / 이기승 옮김 / 신국판 / 초판 1쇄 / 248쪽 / 6,500원
잠재력이 있는 영혼들을 돌보는 사역을 감당하고자 하는 목사, 전도사, 평신도 지도자,
구역장 등에게 안내자 역할을 하는 책.

### 잃어버린 퍼스날리티를 찾아서

최병전 지음 / 신국판 / 초판 1쇄, 개정판 1쇄 / 206쪽 / 5,000원
구원은 받았지만 인격의 상처는 개인과 가정과 교회와 사회에 문제를 일으키는 것을
진단하고 해결의 실마리를 제시하는 책.

### 당신의 인생을 다시 시작하라

데일 겔러웨이 지음 / 류선욱 옮김 / 신국판 / 초판 1쇄 / 202쪽 / 6,500원
인생에서 위기를 당하거나 상처를 입었을 때 어떻게 극복할 수 있는지 저자 자신의 경
험을 통해 새롭게 일어날 수 있는 길을 감동적으로 조명해 주는 책.

## 존 웨슬리 서적

### 불타는 전도자 존 웨슬리

홍성철 지음 / 신국판(양장본) / 초판 2쇄 / 344쪽 / 10,000원
존 웨슬리가 어떻게 불타는 전도자가 될 수 있었는지를 제시하여, 현대 그리스도인들
도 불타는 전도자가 되도록 인도해 주는 책.

### 존 웨슬리  그의 생애와 신학
로버트 G. 터틀 2세 지음 / 김석천 옮김 / 신국판 / 초판 1쇄 / 480쪽 / 13,000원
본서는 하나님께 전적으로 헌신하며 살았던 존 웨슬리의 이야기를 통해 독자를 예수 그리스도의 충만한 믿음으로 인도해 주는 책.

### 현대인을 위한 존 웨슬리의 메시지
스티븐 하퍼 지음 / 김석천 옮김 / 신국판 / 초판 2쇄 / 168쪽 / 5,000원
존 웨슬리의 메시지를 현대인을 위해 재해석한 책으로, 현대의 그리스도인들에게 빛과 방향을 제시해 주는 귀중한 저서.

### 수잔나  존 웨슬리의 어머니
아놀드 댈리모어 지음 / 김석천 옮김 / 신국판 / 초판 2쇄 / 230쪽 / 6,000원
존과 찰스 웨슬리의 어머니 수잔나의 경건의 모범, 자녀 교육과 양육, 고난과 어려움을 이겨 풍성한 영적 유산을 남겨 준 이야기.

## 신학 서적

### 회심  거듭남의 의미와 적용
홍성철 편집 / 신국판 / 초판 2쇄, 개정판 2쇄 / 224쪽 / 6,000원
기독교에서 가장 핵심적 교리인 "회심"의 문제점을 신학적, 경험적, 적용적으로 이 분야의 권위자들이 다룬 9편의 글.

### 타문화권 복음 전달의 원리와 적용
존 T. 시먼즈 지음 / 홍성철 옮김 / 신국판 / 초판 3쇄, 2판 1쇄 / 342쪽 / 8,000원
복음과 타종교와의 관계를 다루면서도 복음 전달의 원리와 방법을 깊게 다루어 복음 전달의 이론적 인도자가 되는 명저.

### 복음주의 실천신학개론
복음주의 실천신학회 편 / 신국판(양장본) / 초판 3쇄 / 430쪽 / 13,000원
한국 교회의 목회자와 그리스도인들에게 신학의 복음주의적인 안목을 갖게 함으로 목회 현장을 더욱 풍요롭게 하는 지침서.

### 웨슬리안 조직신학
오톤 와일리, 폴 컬벗슨 지음 / 전성용 옮김 / 신국판 / 초판 1쇄 / 570쪽 / 15,000원
신학의 기초 과정을 위한 교과서일 뿐만 아니라, 평신도들이 사용할 수 있도록 간략하면서도 체계를 갖춘 기독교 교리를 제시한 신학의 고전.

## 전도 서적

### 현대인을 위한 복음전도의 성경적 모델
홍성철 지음 / 신국판 / 초판 1쇄 / 320쪽 / 10,000원
복음적인 안목으로 성경에 접근하고자 하는 그리스도인과 복음전도 지향적인 설교를 준비하는 사역자를 위해 길잡이 역할을 할 명저.

### 당신의 생애도 변화될 수 있다

알란 워커 지음 / 홍성철 옮김 / 신국판 / 초판 1쇄 / 104쪽 / 3,000원

삶의 목적과 변화를 원하는 모든 현대인들에게 예수 그리스도가 제공하는 구원의 은혜로 변화된 생애를 살 수 있도록 도전하고 길잡이 역할을 할 명저.

## 교회 갱신

### 가정교회   21세기 목회의 새로운 대안

박승로 지음 / 신국판 / 초판 1쇄 / 214쪽 / 7,500원

교회 성장을 위하여 소그룹의 특성을 살리며 살아 있는 교회의 세포인 "교회 안의 작은 교회"의 가정교회의 사례 연구와 교회 갱신의 전략으로서 구체적인 방향을 제시한 책.

## 기독교 고전 시리즈 (1-16권 / 초판 2쇄 / 권당 1,500원)

1. 왜 하나님은 무디를 사용하셨는가　　　　R. A. 토레이 지음 / 홍성철 옮김

2. 보다 깊은 삶　　　　로버트 머레이 맥체인 지음 / 구교환 옮김

3. 하나님의 임재를 연습하라　　　　로렌스 형제 지음 / 이소연 옮김

4. 성결　　　　J. C. 라일 지음 / 서대인 옮김

5. 예수님을 위하여 선하게 증거하자　　　　존 왓슨 지음 / 이대규 옮김

6. 공격적인 기독교　　　　캐더린 부스 지음 / 염동팔 옮김

7. 구령자를 위한 권면　　　　호레시우스 보너 지음 / 최석원 옮김

8. 불타는 사랑　　　　블레즈 빠스칼 지음 / 곽춘희 옮김

9. 행동하는 믿음　　　　조지 뮬러 지음 / 송철웅 옮김

10. 하늘가는 마부　　　　존 번연 지음 / 문정일 옮김

11. 성도다운 학자의 결단　　　　조나단 에드워즈 지음 / 홍순우 옮김

12. 설교자와 기도　　　　E. M. 바운즈 지음 / 이혜숙 옮김

13. 성도의 영원한 안식　　　　리차드 백스터 지음 / 이기승 옮김

14. 부흥의 법칙　　　　제임스 번스 지음 / 문정선 옮김

15. 성경적 구원의 길　　　　존 웨슬리 지음 / 박홍운 옮김

16. 친구여 들어보지 않겠소?　　　　찰스 스펄전 지음 / 홍성철 옮김